José E. Santos

El momento siguiente

Escritos misceláneos II

Colección Ánfora Roja | #2

OBSIDIANA PRESS
obsidianapress.net

José E. Santos

EL MOMENTO SIGUIENTE
Escritos misceláneos II

Colección Ánfora Roja | #2

OBSIDIANA PRESS
obsidianapress.net

© José E. Santos 2019
El momento siguiente
Escritos misceláneos II

© Fotos de la portada: El autor.

© Diseño, composición & maquetación: Vanessa Peña

Todos los derechos están reservados.

Primera edición, junio de 2019.

ISBN 978-1-948114-13-4

Prohibida la reproducción total o parcial de esta obra sin permiso previo de su autor.

Impreso en los Estados Unidos de América.

Colección Ánfora Roja | *#2*

OBSIDIANA PRESS
10 Delaware Avenue
Charleston
West Virgnia 25302
Estados Unidos.

obsidianapress.net
oplibros.com

Correos electrónicos:
oplibros@aol.com

editores@obsidianapress.net

Tel.: (917) 853-5095

A Marie Gelpí, por el consejo.

BERGANZA: [...] ¿Quién podrá remediar esta maldad? ¿Quién será poderoso a dar a entender que la defensa ofende, que las centinelas duermen, que la confianza roba y el que os guarda os mata?

Miguel de Cervantes

Still awake / I continue to move along / Cultivating my own nonsense / Welcome to the wasteland / Where you'll find ashes, nothing but ashes.

John Myung

Prólogo

Aunque nunca ha de admitirse de manera abierta y franca, casi todo el que vive en una isla sabe que el vuelo de la imaginación puede enfrentar frenos que a la vez pueden servir de complemento creativo. Bueno, no todo el mundo pensará de esta forma paradójica, queda estipulado y aceptado, por supuesto. Me ha tocado, sin embargo, vivir y sentir el extremo nefasto de esta ecuación disparatada y alevosa. Siempre he pensado que toda isla es una cárcel y sus playas son sus murallas. Muros hechos de una húmeda arena corrosiva y salitral. La sentencia puede definir mi descaro y mi atrevimiento irreverente. Dentro de este marco, opinar es, por lo tanto, retar desmesuradamente. Y de esta manera, todo ensayo es una isla particular.

Ese es el origen de todo ensayo. Como género se empecina por ilustrar una verdad, pero solo puede manifestar y dar forma a una opinión. Es el género literario más personal, y por esto mismo, es el más irresponsable (o mentiroso). Opta siempre el lector, así las cosas, por seguir con detenimiento, devoción crítica o credulidad este diálogo interior entre el autor y su tema escogido, o puede optar por identificar pronto los desvíos descarados que muestra el texto y dar paso dentro de sí al entendimiento como entretenimiento.

Quien ya conozca un poco mi obra, debe ya suponer que el escogido que aquí presento prolonga la inquietud comenzada en *El fundamento de los instantes*. Al igual que en ese entonces, el conjunto no persigue mostrar un diseño específico, ni sigue un hilo conceptual que junte los variados enfoques. Su única fidelidad es a la noción ya esbozada del ensayo como "diálogo", y en ese sentido, mostrarse como un texto dado a la imprecisión, a la digresión y al desconcierto que siempre caracteriza nuestra relación con un tema que nos preocupe en algún momento dado. Sus reflexiones nacen de ejercicios investigativos, reflexiones surgidas durante mis años de enseñanza de los textos comentados y sugerencias de examen o estudio que en diversos momentos me han hecho colegas y amistades, además de mis inquietudes.

De igual manera que en *El fundamento de los instantes*, algunos de los ensayos han aparecido previamente en revistas. Algunos los reproduzco casi íntegramente al no distar su redacción de mi expresión espontánea, otros los he diluido un poco para que difieran de su forma original más académica. Allí moran en su forma original y el lector puede visitarlos si es su gusto o si conviene para sus fines investigativos, docentes o de toda otra suerte. El ensayo sobre los poetas puertorriqueños de la Generación del 80 apareció en el volumen 23 de 2016 del *Cuaderno Internacional de Estudios Humanísticos y Literatura*. En el volumen 20 de 2013 de la misma revista (*CIEHL*) apareció el ensayo sobre Darío y Juan Ramón Jiménez. El texto sobre Carlos Fuentes apareció en el volumen 17, número 1 de 2006 de la revista *Literatura Mexicana* (UNAM).

Finalmente deseo agradecer a aquellos colegas y compañeros, que como dije ya, de alguna manera formaron parte de que se gestara esta colección. Debo mencionar y dar gracias a Zoé Jiménez Corretjer, a Julio Ortega, a Miguel Náter, a Marie Gelpí Hammerschmidt, y a mis hermanas María y Brunilda Santos en cuyas casas escribí algunos de los textos.

5 de mayo de 2019
Bayamón, Puerto Rico

Actuar, ser y definir

No es posible agotar —y mucho menos en esta limitada reflexión— nuestra percepción del tema de la voluntad humana, del careo entre la elección libre y la irremediable, o de la naturaleza real o ficticia de la libertad. Pasada la efervescencia jacobina de nuestros años mozos, la cuestión se volvió prontamente un genuino dolor de cabeza para mí, motivo por el cual deliberadamente he evitado (libre o ineludiblemente) aproximarme al mismo de una manera directa. Ciertamente se habrá visto reflejada en otros textos de mi autoría de alguna manera marginal o principal. Sospecho que nos pasa a todos al escribir.

En mi caso, el debate interior se ha centrado en la imprudente noción de que no hay tal cosa como la libertad, entendida dentro del marco tradicional de lo que llamamos "libre albedrío". Y como consecuencia, se extiende la discusión a la tendencia a equiparar la identidad con la voluntad en nuestro pensamiento. Esta recurrente manía, manifestada por tantos filósofos y escritores me aleja de la disputa concreta, no por entenderla inadecuada, sino por mi incapacidad lamentablemente dogmática y reduccionista, que se articula en mi restringida visión del concepto de elección. Mi hormonal aprehensión de la vida me ha llevado ranciamente a entender que toda decisión, por compleja o multifacética que sea, se confina a una de tres posibilidades (o a una combinación de entre las tres). Se elige por placer (en el sentido abarcador), por conveniencia o por urgencia.

El lector podrá de inmediato presentar una o varias respuestas que compliquen mi ceñida visión. Advierto que también en ocasiones me asalta la duda y me entrego a este examen. Y este ejercicio puede multiplicarse y ser incesante. El cansancio, sin embargo, me encamina siempre por esas calles estrechas. Satisfaga al lector mi convencimiento de que la suya es seguramente una visión más responsable y adecuada que la mía. Quedemos en paz y acepten esta breve invitación a explorar algunos márgenes más prometedores.

Cuando Fernando Savater (*El valor de elegir*) indica que "actuar" y "elegir" se equivalen esencialmente, y que la segunda viene a ser "conjugar adecuadamente conocimiento, imaginación y decisión en el campo de lo posible", cae en el juego circular al que en ocasiones nos lanzan las palabras mismas. Debo pensar que conocer, imaginar y decidir, se dan a un tiempo pues elegir es actuar. La ecuación puede parecernos hermosa. El empleo de la noción de "lo posible" es siempre eufemismo, un intento de evitar el riesgo de explicar lo que acaso intuimos, pero no conocemos del todo. El acercamiento es táctico. Ciertamente el lector (al igual que el propio Savater) deja a un lado los actos inevitables, es decir, aquellos sobre los que no se tiene control alguno. Sobre estos, por supuesto, no mediaría la voluntad. Valdría plantearse la posibilidad de un espacio intermedio, una zona gris en que tanto el conocimiento como la imaginación y la decisión vivieran fuera de la noción de lo adecuado. No proseguiremos, si bien se nos abren los ojos un poco.

El lector puede acusarme de imprudente en este momento y no le reprocharé la queja. Por supuesto que Savater se cuida y se dirige hacia el marco de "lo voluntario" cuando lo define en el mismo texto, no como el acto "que concuerda plenamente con nuestro gusto" sino como el que "menos disgusta en un contexto práctico irremediable". Me aventuro a acercar su noción de lo irremediable con mi queja ante lo inevitable. Volveríamos así a la gran zona gris. Y habrá espacio para quejarse entonces de mi simpleza. Aceptado. Hay contextos impuestos por los "accidentes del devenir" (o la causa, o el efecto, o la decisión previa, o...). No importa que el lector note un sesgo irónico en nuestras palabras. Actuar y ser son nociones definitorias para Savater, quien acuña para ellas un hermoso sentido de urgencia: "actuamos para cumplir el plan de vida que queremos". Es consciente Savater (como ha indicado él mismo) de los límites que se asoman una vez enunciada esta determinación. Advertimos que tomamos muy en serio sus palabras.

Porque no hay nada más claro que notar cuando el ser humano se topa con los límites que enfrenta la voluntad. Se han de percibir estos siempre como algo impuesto. Sin importar su origen, pensamos que todo está en contra nuestra, o proferimos en ese instante un "Dios existe y me odia", espurio y paródico, pero medular y preciso. Y nuestra reacción siguiente, sea que nos sintamos habilitados o vencidos, es pensar o decir "no". Así define Albert Camus (*El hombre rebelde*) a quienes niegan y "no renuncian". Se ancla de esta forma la noción de "propósito", y en adelante su reflexión hipnotiza, golpea y consume los ojos de todo lector neófito (en el instante en que leemos un texto de Camus, todos nos volvemos nuevamente lectores neófitos) que se arriesgue a entrar en su diálogo.

Con ese "no" afirma Camus la unidad entre ser y actuar, y ve en esta condición (la rebelión) el espacio de la racionalidad absoluta. Quien se niega (el rebelde) proclama un derecho irreversible. En sus propias palabras, Camus indica que la rebelión "va acompañada de la sensación de tener uno mismo, de alguna manera y en alguna parte, razón". Ese "tener razón" es el combustible de la acción absoluta, lo que hermana la respiración a la intención. Sensato y veraz, es consciente del divorcio entre la idea y el hecho. La platónica sombra es motor de ese "espíritu de rebelión", producto de la posible ecuación "la igualdad teórica" = "la desigualdad fáctica". Anuncia así la inevitable caída, la derrota implícita de la oferta de cambio, la conciencia de que quien se rebela y afirma su "yo", será derrotado por las circunstancias, o sucumbirá a la ineludible negociación que es la experiencia humana, anclada en el retorno al punto de partida. Su "yo me rebelo, luego nosotros somos" es el verso más hermoso del sacrificio del espíritu.

Poesía, por lo tanto, será la voluntad del ser humano. Y por esa voluntad queda grabada la memoria de la intención. A través de la aceptación de este precario sentido de la voluntad, he de llegar al cese de mi descaro verbal para refugiarme en un imaginado y concreto balcón, ante un horizonte en pleno amanecer, abrazada mi vista por el frescor que el día convertirá en calor y en acción. Porque nadie es el centro de nada, sino una movediza coordenada de libertad codiciada, tal vez vivida, por todos. En "Por lo visto" de Jaime Gil de Biedma (*Compañeros de viaje*), la poesía, una vez más reclama para sí ese instante en que expresar y representar guían el camino del ser:

> Por lo visto es posible declararse hombre.
> Por lo visto es posible decir no.
> De una vez y en la calle, de una vez, por todos
> y por todas las veces en que no pudimos.

La apertura, el ojo del cerrojo que aguarda, es la llave misma. El pasado ("lo visto") habilita y entusiasma al ser, y es lo mismo que lo reafirma en la negación, en la rebelión, al proclamar su rechazo de todo lo que le impida sentir, pensar y actuar. Ese "decir no" que es a su vez "declararse hombre", define el presente en tiempo y lugar ("De una vez y en la calle"), y confirma la tinta solidaria, el "todos" y "todas" ante el eco de la historia ("las veces en que no pudimos). El "no poder" sustenta la materia prima de todo violento mandato. La opresión de la calle es la opresión heredada del conflicto familiar, del conflicto político, del conflicto social, y de la contrariedad impuesta por la tiranía de las palabras hirientes, de las mentiras, de las ficciones colectivas que juzgan al "yo". Será fundamental entonces que exista, se perciba y se distinga el incesante conflicto:

> Importa por lo visto el hecho de estar vivo.
> Importa por lo visto que hasta la injusta fuerza
> necesite, suponga nuestras vidas, estos actos mínimos
> a diario cumplidos en la calle por todos.

Ese "estar vivo" resume la acción histórica y toda respuesta de todo "yo" que se ancla y se define. No se ha de librar del retrato dinámico. No puede evitarse la permanencia de la injusticia. Esponjas. Absorción y expulsión de la cotidianidad, de la palabra escuchada y objetada, de la acción ejercida y rechazada. Y un retrato da pie a otro, y a otro, hasta que el enlace es celuloide o proyección digital infinita. La verdad del "acto mínimo" implica la precariedad de la "Historia" con mayúscula. Para Gil de Biedma, radica aquí la instrumentación mayor de nuestra proyección ética:

> Y será preciso no olvidar la lección:
> saber, a cada instante, que en el gesto que hacemos
> hay un arma escondida, saber que estamos vivos
> aún. Y que la vida
> todavía es posible, por lo visto.

Olvidar es ceder a la inacción (la imprecisión) y al descuido. El conocimiento es atalaya y catapulta inesperadas para quienes violentan la voluntad de ser y de actuar, es decir, de definirse y definir a través de la voluntad propia la libertad y la existencia de los demás. Porque al identificarse la injusticia como tal se despierta la antagónica senda y esa posibilidad de extender y continuamente definir el "yo" y dar forma a la vida.

Gil de Biedma articula el celo de la combatividad, de las ansias palpitantes. La poesía encara y dialoga tanto con la urgencia como con la negación. El conocimiento, fundamental para Savater y la rebelión, eje central en Camus, son entonces parte de una misma sintaxis, de un mismo lenguaje, que como tal producirá respuestas infinitas dentro de un marco, dentro de ese límite que siempre está a la vista, que sabemos presente, pero al que se contesta con la creatividad o con el deseo de la misma, cimiento de todo "yo" que nunca renuncia.

Mientras concibo, conecto y doy ruta a la tinta, observo a ratos el trazo de una ciudad llena de voluntades y acciones tras la ventana que está a un lado del escritorio. Doy final a esta reflexión. Nada de lo expresado es firme y final contestación a ninguna pregunta. En todo caso, es barniz del deseo, del momento siguiente, del querer convertir la acción en algo más que la acción. Reflexionar sobre la libertad, sobre la voluntad, sobre definirse a partir de la elección, puede que solo sea un conjunto particular de ideas y elementos que muestran una belleza interior presente en toda conciencia.

Podría ser que decidir, que definirse, que objetar, que renunciar, que actuar son verdaderamente pinceles multiplicados y polivalentes que sirven para pintar nuestro lienzo, y crear belleza.

Porque te llamas soneto

La tendencia general presunta de toda teoría retórica es evitar el empleo de cualquier término que dé pie a confusión o ambigüedad. Ha sido el caso de la distinción entre "imitatio", amplificatio" e "inventio". La primera corresponde a la clásica idea de que se siguen unos modelos y unos temas, que a su vez persiguen imitar lo que estimula inicialmente la representación implícita de cada texto. La segunda parecería ser un tipo de "imitatio" que permite un mayor espacio para la alteración de lo representado. Solo un aparente manejo abarcador y desprovisto de ataduras filiales definiría la "inventio", noción asociada mayormente con el Romanticismo y las poéticas subsiguientes. El soneto, al ser un tipo estrófico sintético, es decir, que intenta tanto dar cuenta del manejo técnico de unos recursos como del manejo conceptual de un tema particular, puede mostrarnos el vivo retrato de esta historia de pequeñas muertes estéticas, y de palabras que maniobran atentas entre definiciones carentes de una clara frontera limítrofe.

Leemos el soneto, y como aquel que se encargó en nuestra lengua de estampar de una buena vez las reglas del paradigma, decimos: "catorce versos dicen que es soneto / burla burlando van los tres delante". También hablamos del soneto desde nuestro presente con alguna irreverencia entusiasta o novedosa, y aunque reconocemos un aguijón cuyo dolor crece cada vez que enfrentamos con nuestros ojos la muralla infinita edificada por nuestros mayores, mostramos al mundo una fachada de escandalosa libertad, de irresponsabilidad categórica. Muy dentro, sin embargo, el veneno del aguijón retuerce las fibras del talento que reconocemos nuestro, y nos obliga a cada uno en silencio, a cuestionarlo, a probar cuán fuerte es nuestra propia argamasa, y a dejar que nuestras manos se posen en ese muro que ningún sismo ha de destruir. Y al acercarnos al muro, el dolor cede poco a poco. Y observamos su altura y su extensión. Y lo tocamos. Y cerramos los ojos al sentir su consistencia, su porosidad, su rugosidad, su lisura. El dolor pasa a ser deleite, y sin culpabilidad alguna, tú y yo decimos dentro de nuestro occidental andamiaje: "El que no pueda escribir un soneto en su vida no es poeta". ¿Somos injustos? Sí. La justicia no se creó para este mundo.

El soneto —tan demaniano en su naturaleza— es la lápida que descansa sobre la tumba de la perfección. Como objeto, como producto, aspira a reproducir de manera contundente la totalidad de un concepto concreto. Proclama la existencia de un principio y un final, y así las cosas, su devenir, su lectura, deben dejar en nosotros un sentido de integridad formal y de entereza sensorial e intelectual. Hemos privilegiado su modelo petrarquista, es decir, dos cuartetos y dos tercetos endecasílabos con sus variantes particulares de rima consonante. Tal vez el elemento más importante que se desprende de esta estructura es la interacción entre ambas partes. Los cuartetos exponen la idea en la ejecución. Los tercetos asumen un papel resolutivo que completa o contesta la exposición de los cuartetos, aunque en ocasiones puedan ofrecer además una sugerente apertura a la idea glosada, a modo de gancho que invita a seguir la cadena. De ahí su presunta mayor libertad, tanto en el esquema de rima como en la agilidad del ritmo.

La pretensión perfeccionista del soneto supone la conciencia de un universo completo. Un concepto, un texto, un todo orgánico consciente tanto de la preexistencia de los temas como de la historia de su ejecución. De ese modo, solo queda admitir que todo es imitación. La tradición cancioneril y trovadoresca desemboca finalmente en el reordenamiento que hace el itálico modo. La génesis petrarquista es la negociación afortunada entre la síntesis del ingenio y el peso sustantivo de los temas. Al leerse, el soneto aparenta insertar en nuestras mentes la simiente de un férreo árbol de hojas infinitas. Se vuelve un subsistema, y como tal emplea recursos limitados para renovarse en su mismidad. Torpe y atrevido, comienzo una personal travesía desde las semillas mágicas de Garcilaso de la Vega. Sus milagros no cansan ni aturden el entendimiento. En ellos corroboramos el dulzor del equilibrio Cualquier elección valdría para comenzar el comentario, pero fieles a ser humanos y predecibles, escojo el "Soneto V":

> Escrito está en mi alma vuestro gesto,
> y cuanto yo escribir de vos deseo;
> vos sola lo escribisteis, yo lo leo
> tan solo, que aun de vos me guardo en esto.
>
> En esto estoy y estaré siempre puesto;
> que aunque no cabe en mí cuanto en vos veo,

de tanto bien lo que no entiendo creo,
tomando ya la fe por presupuesto.

Yo no nací sino para quereros;
mi alma os ha cortado a su medida;
por hábito del alma mismo os quiero.

Cuanto tengo confieso yo deberos;
por vos nací, por vos tengo la vida,
por vos he de morir, y por vos muero.

Si el amor entra por los ojos, la versión que aquí presenta Garcilaso metaforiza tal propuesta al máximo y de una vez enmarca su ejemplo elaborando una teoría de la representación. Caja china. Espejo frente al espejo. La mirada es pluma o cincel. El alma es el papel o la superficie sobre los que se escribe o se graba. La maniobra fundamental se da en la admisión de la paradoja: "vos sola lo escribisteis, yo lo leo / tan solo...". Equivale esta fórmula a decir que el poeta escribe y no escribe, que al escribir, el poeta se aleja del mundo y a la vez construye una lectura de lo ya escrito. La multiplicación es enfática. La hermosa noción de que la faz de la amada es ya el texto que ha entrado y se ha posado en su interior, canaliza a su vez la conciencia de quien manifiesta que "escribe porque lee", es decir, que la tradición y los textos preexistentes se han alojado en su acervo y la imitación, tan inevitable, es a su vez sorprendente cada vez que regresa.

Este andamio dual se verá entonces contestado y sustentado en los tercetos. Su dinamismo estructural logra que el lector pase de la presentación de la belleza y del enamoramiento al postulado literario implícito con naturalidad. La insistencia de la "voz amante" presente en los primeros versos del segmento garantiza el pacto de la convención amatoria. Los dos versos finales duplican la maniobra fundamental dada en el primer cuarteto, no en su contenido preciso, sino como modo de concluir el planteamiento teórico en su dimensión temporal El poeta proclama que son cuatro los tiempos en que se impacta literariamente, espejo del modo en que un amante puede proclamar su devoción, sea en el pasado ("por vos nací"), en el presente inmediato ("por vos tengo la vida"), en el futuro ("por vos he de morir"), y fuera del marco preciso del tiempo, en el constante presente indefinido de lo que se siente ("y por vos muero"). Escoge el verbo perfecto Garcilaso: morir. Ha terminado el soneto y le ha colocado la lápida.

Si seguimos la ruta del manejo clásico, en la "amplificatio", la pugna mayor se ha centrado en ver la misma como una forma previa de la "inventio" o como una modificación de la "imitatio". Tanto Aristóteles como Quintiliano y Cicerón fueron conscientes de la neblina que levantaba su empleo, y sus propias visiones no daban pie para aclarar la misma. Sí podemos dar cuenta de algunas ideas que entraña, las mismas que emplearemos para caracterizar su consciente uso, aquí por parte de Lope de Vega en la redacción del soneto escogido. La "amplificatio" presenta entre sus presuntas dotes la capacidad de incrementar el sentido de la representación por medio de la acumulación, por medio de la comparación, y por medio de la racionalización. Por supuesto, ninguno de estos elementos es excluyente de los otros, por lo que su empelo múltiple puede entonces servir para dar una idea más firme de lo que implica el presunto "incremento" de la "amplificatio". El "Soneto 126" de las *Rimas* de 1609, es una flecha cuyas puntas apuntan al pasado y al futuro conceptual de la representación:

> Desmayarse, atreverse, estar furioso,
> áspero, tierno, liberal, esquivo,
> alentado, mortal, difunto, vivo,
> leal, traidor, cobarde y animoso:
>
> no hallar fuera del bien centro y reposo,
> mostrarse alegre, triste, humilde, altivo,
> enojado, valiente, fugitivo,
> satisfecho, ofendido, receloso:
>
> huir el rostro al claro desengaño,
> beber veneno por licor süave,
> olvidar el provecho, amar el daño:
>
> creer que un cielo en un infierno cabe;
> dar la vida y el alma a un desengaño,
> ¡esto es amor! quien lo probó lo sabe.

Tres elementos nos llaman la atención de este soneto. El primero tiene que ver con el uso del ritmo. Ha de notarse que se siente un ritmo acelerado en los cuartetos que va entonces disminuyendo en los tercetos. El logro se debe al manejo de las pausas. Notamos, por tanto, que se trata de una inversión del patrón rítmico típico del soneto. Al darse la exposición en los cuartetos se tiende a alargar el patrón rítmico y no a acelerarlo. Lope de Vega ha logrado este efecto por medio de la sucesión de adjetivos e infinitivos (nombres verbales), alejándose así de la gravedad propia de toda exposición en que las ideas se expresan conforme al modelo de la oración completa. Esto nos lleva al segundo elemento y es la carencia de un verbo flexionado, conjugado en persona y número en los cuartetos. Rige de esta forma la impersonalidad y, como se ha comentado del manejo de la "amplificatio", la ambigüedad. De igual manera hay que destacar que conceptualmente se trata de una secuencia de contrarios. Con esto se logra exponer sin exponer. La secuencia pasará a los tercetos, pero en esta ocasión se recurre a la frase larga. El ritmo es cada vez más lento, pero las imágenes se vuelven más audaces. Ya en el verso "beber veneno por licor süave", y al darse énfasis a la diéresis que retarda, se acentúa la contrariedad que ha caracterizado el soneto y se anuncia el final resultado del mismo. No conforme con este dato concreto, Lope de Vega comienza el segundo terceto con uno de sus mejores versos: "creer que un cielo en un infierno cabe". Poco a poco nos va acercando a lo que a todas luces constituye su intento por lograr que el soneto entero sea a la vez exposición y trastorno. En el último verso es que se manifiesta su intención. Es el instante en que por primera vez emplea verbos conjugados. En primera instancia, el verbo ser en su papel de cópula "¡esto es amor!". Se trata de una definición, y en este sentido, el resumen de todo lo expresado anteriormente. La segunda parte del verso da el golpe de gracia: "quien lo probó lo sabe". Y aquí notamos el tercer recurso importante.

Lope de Vega, el lobo de la llanura, es consciente del valor de la imprecisión para multiplicar el sentido. La clave está en el empleo del elemento pronominal impersonal "quien". Una primera lectura presenta una proyección universal del sentido. El "quien lo probó" puede referirse a cualquier persona, es decir, al lector mismo, que haya pasado por lo descrito y pueda referir su propia experiencia. Por otro lado, ese mismo "quien lo probó" sirve para centrar en el poeta mismo la referencia de la experiencia, como diciendo, "yo Lope lo puedo asegurar". Hace así las veces de una firma. Lope de Vega nos muestra de este modo el uso de una de las maneras comentadas de la "amplificatio", la acumulación, y por medio de la misma reorganiza la tradicional fisura entre las partes del soneto.

El papel de Rubén Darío en la poesía escrita en nuestra lengua equivale a la descomunal explosión de una caldera termal y semasiológica. Justo es decir que su paso por España restablece la idea latente en todo manejo del sistema escrito de una ciudadanía única, de un vínculo de tiempos que va más allá de las consideraciones del momento y del lugar. Tal vez en un nivel más que consciente, o etílico, o temperamental, Darío se sabía el motor de esa comunidad ahora enlazada a ambos lados del océano hasta el día de hoy. Es su explosión la verdadera "inventio" en nuestra lengua. Su conciencia coincide con la idea de rehacer el inventario estructural disponible para así representar un grado superior de expresión. Como parte de esta suma, la adaptación del soneto alejandrino, anclada a la noción de que el mayor espacio da mayor peso a la idea consumada, apunta a la idea del rechazo de la perfección como signo de invención. Y visto desde este marco, "Lo fatal" acentúa con su destructiva propuesta una muerte del tipo estrófico.

Sabemos que "Lo fatal" es el último texto dentro de una secuencia, y ha de definirse, teniendo en cuenta este parámetro, como cierre, conclusión, despedida o resumen de una idea general que se manifiesta en el conjunto mayor, *Cantos de vida y de esperanza*. Aquel mestizaje rítmico e imaginativo de *Prosas profanas*, tan celebrado y rechazado a la vez, ve en *Cantos de vida y de esperanza* su gemelo desvestido, el que al desnudarse muestra con mayor claridad el horror escondido tras el ornamento de su predecesor. El máximo mestizo de nuestro mundo sabe bien hacia donde dirigir el metal de su acero, y sonríe, y todos nosotros (los híbridos hijos de la "ñ") lo hacemos con él:

> Dichoso el árbol, que es apenas sensitivo,
> y más la piedra dura porque esa ya no siente,
> pues no hay dolor más grande que el dolor de ser vivo,
> ni mayor pesadumbre que la vida consciente.
>
> Ser y no saber nada, y ser sin rumbo cierto,
> y el temor de haber sido y un futuro terror...
> Y el espanto seguro de estar mañana muerto,
> y sufrir por la vida y por la sombra y por
>
> lo que no conocemos y apenas sospechamos,
> y la carne que tienta con sus frescos racimos,
> y la tumba que aguarda con sus fúnebres ramos,
> ¡y no saber adónde vamos,
> ni de dónde venimos!...

Asombra así la circularidad y la repetición aparente del horror reconocido. Ese inicial rechazo de la vida retumba como exposición absoluta. De esta forma, el no sentir es el eco del pensamiento de lo imposible. El ser presente no puede abolir su condena. Se es, y no podemos vivir la dicha del árbol o de la piedra. La exposición continúa. Vuelve el horror en la idea de "ser y no saber nada", juicio concreto sobre el valor de lo que somos y, metafóricamente, del valor de lo que se escribe, o de lo que se obra. Suma ese "temor de haber sido", la conciencia de ya no tener propósito al sentir que ya hemos agotado nuestra capacidad o nuestra relevancia. Nada más queda y sigue Darío sumando sobre el cuerpo agotado (el tipo estrófico, el texto) la inevitabilidad de los temas constantes (el deseo, la muerte, lo incógnito). Y cae el acero. Al modo en que se usa un machete para cortar y desfigurar la totalidad de un cuerpo, Darío cercena los versos finales y hasta impide que cierre el texto perseguido al renunciar al catorceavo verso. No termina el soneto porque no termina nada de manera precisa nunca. La vida se queda en suspenso. El texto, por lo tanto, imita esa suspensión. Si la pretensión de cada soneto es dar forma completa a un pensamiento, Darío retrata su verdadera forma, incompleta, deformada. Vida y esperanza. Sí, la invención es el rechazo de la perfección, y "Lo fatal" es la lápida abierta, o mejor, el cuerpo expuesto, dejado a su arbitrio sin conocerse su paradero.

Invención es entonces el soneto destruido También el soneto íntegro ensaya la pretensión de un vuelco absoluto. Habría así que rehacer o destruir "el orden". Un asomo de Kierkegaard, de la sombra extensa de la desesperanza, y del tacto fijo de la guerra, del mundo sin orden, reprueban toda posibilidad de la utopía formal y representacional. Si el ser humano vive cansado de saberse inmerso en la imperfección, el haberse formado en la guerra y crecer entre sus consecuencias enhebran la sinrazón y el desconcierto. El efecto es permanente. En *Ángel fieramente humano*, Blas de Otero dialoga con el orden aunque no lo divisa. Tampoco desea ceder.

Como soneto, "Hombre" muestra las marcas externas, el ropaje del tipo estrófico y cumple a su vez con el andamiaje estructural conceptual que se espera entre los cuartetos y los tercetos:

> Luchando, cuerpo a cuerpo, con la muerte,
> al borde del abismo, estoy clamando
> a Dios. Y su silencio, retumbando,
> ahoga mi voz en el vacío inerte.
>
> Oh Dios. Si he de morir, quiero tenerte
> despierto. Y, noche a noche, no sé cuándo
> oirás mi voz. Oh Dios. Estoy hablando
> solo. Arañando sombras para verte.
>
> Alzo la mano, y tú me la cercenas.
> Abro los ojos: me los sajas vivos.
> Sed tengo, y sal se vuelven tus arenas.
>
> Esto es ser hombre: horror a manos llenas.
> Ser —y no ser— eternos, fugitivos.
> ¡Ángel con grandes alas de cadenas!

El lector no se ha de sentir ajeno en principio

al paradigma reconocible. La lectura cauta y atenta del soneto es la clave destructora del mismo. Rigen las pausas. Revelan la pugna interior de la voz que en el marco de la exposición opta por deshacer toda cadencia armoniosa y hasta recrea la suya propia, el ritmo que siente como parte del colapso existencial. El encabalgamiento es su instrumento. Y también la creación de una rima interior ("a Dios.... /...mi voz..../ Oh Dios..../....voz. Oh Dios"). El desorden del alma es el desorden del mundo. La noción de la separación se va imponiendo mientras avanza el texto. Los tercetos aceptan un ritmo más convencional y lo hacen ya desde la aceptación del abismo infranqueable. Si Darío fue el dios que cercenó el texto, el eco se escucha en el dios que persigue con sus palabras Blas de Otero cuando alza las manos. Pasará, como Lope de Vega ("esto es amor"), a la definición (Esto es ser hombre), y en el verso final se concreta el abismo absoluto. Un ángel con "alas de cadenas", o no vuela, o se hunde más y más en caída libre, alejándose de la deidad, del orden.

El lector ha reconocido que el presente texto ha sido un mero ejercicio introspectivo. Si el soneto mismo ha querido en su historia liberarse del cuerpo que lo restringe, también este lector ha deseado liberarse de la perfección y de cualquier idea preconcebida de certeza o exactitud. Como lector responsable no me queda más opción que aceptar tanto la imagen del muro interminable, rugoso y liso que la historia del soneto nos ofrece a modo de ofrenda arquitectónica, y a la vez, reconocer la sombría cautela de cualquier posible asomo de los ojos por sobre el muro, porque tras él, también interminable, rugosa y lisa, nos aguarda una inagotable extensión de lápidas.

Toda heterodoxia es ortodoxa: El beso inacabado de la Generación del 80 de Puerto Rico

Algún trayecto anduve hace un tiempo por esa peregrinación de cronologías particular de voces diversas que surcan nuestro suelo literario, la presunta Generación del 80 puertorriqueña. Y me hice muchas preguntas. Compartí estos pasillos (nuestra universidad, nuestras ciudades, nuestra isla) con esas múltiples voces. El mote de "generación" ha servido pocas veces de manera exacta a algún grupo de personas dedicadas a alguno de los oficios estéticos, en especial el de las letras. La manía, como sabemos, la inaugura Azorín para consigo y un nutrido de escritores disímiles, que, aunque a regañadientes, sabían bien que compartían al menos una entre tantas inquietudes. Este concepto se argamasa una vez Ortega y Gasset le da coro desde la oficialidad académica y en adelante se volvió viral la tendencia a agrupar bajo distintos criterios a estos o a aquellos escritores, artistas que como todo artista, habrían de incrementar, cambiar, destruir y rehacer esos mismos criterios que los identificaban, porque todos crecerían, todos reharían su universo de palabras y perspectivas. ¿Reaccionaban a algo? ¿Escribían con el mismo estilo? ¿Tenían las mismas preocupaciones?

En aquel entonces (en el ensayo "Letras octogenarias") reflexionamos sobre algunos textos de

Rafael Acevedo, Mayra Santos Febres, Zoé Jiménez Corretjer e Israel Ruiz Cumba. Lanzamos también una pregunta que trabajara su propia contestación poco a poco: "¿Habrá hacia dónde mirarnos para reconocernos?". Cada uno de sus textos arrojó un poco de luz sobre lo que podemos considerar una visión aglutinadora y presta a exteriorizar. Así las cosas, la mirada que se pose sobre sus escritos, habrá de identificar unas claves dinámicas en el modo de representación, más o menos compartidas en sus textos: la conciencia de las distancias, la insuficiencia de las depredaciones, el sueño implícito de todo afán de espectacularidad y finalmente, un sentido de sensatez que impide la inacción, es decir, evitar el ser o permanecer como meros observadores ante la adversidad. En este sentido, el mayor triunfo es lograr reconocerse en la voz de los otros, gesto solidario y labor fecunda.

Hoy deseamos aventurarnos por otro de los tantos pasillos recorridos por estas voces valiosas, sedientas de extender el primer puente hacia la amenazante centuria siguiente, es decir, la centuria en que hoy vivimos. Nuestra mirada ha de posarse en distintos puntos, en coordenadas de tiempo que no han de coincidir para entonces asirnos de esa salvaguarda que nos vincule como lectores y los vincule como ejecutantes. De entre el universo de posibilidades extiendo la mano y tomo un libro pardo. Se titula *Mosaicos* y lo escribió Michele Dávila Gonçalves. Abro una página cualquiera y reposan mis ojos sobre el poema "Letanía". La promesa de una repetición punzante ya me entusiasma:

> Este cuchillo de jaspe
> esta tortura quemada
> este grillo escondido
> en la mueca del delirio.

Estos primeros versos (tal vez de bayamonesa inconforme) presentan la inevitable verdad de la vida: "cuchillo" y "tortura" implican la idea de dar y recibir, de acometer y sufrir. Ese "grillo escondido" proclama la naturaleza perenne de esas dualidades, mientras que pensar en "la mueca del delirio" le añade un cariz precario, tergiversable, nunca completamente preciso. Seguimos caminando:

> Este silencio agazapado
> este caballo encabritado
> este rito milenario
> lleno de morbosa queja.

La unión del "silencio" con el "caballo" garantiza la naturaleza violenta de este sufrimiento, mientras que el ser "milenario" y "morboso", no solo aumenta la sensación de eternidad de lo que se siente, sino que acentúa su sentido desconcertante.

> Esta arpa de bohemia
> esta estrangulación eterna
> este miedo desalmado
> ante arrecifes de recuerdos.

Se anuncia entonces la aspiración de representar como medio para abolir o conjurar el sentir. Es el instante en que Dávila se identifica como poeta, pero la ineludible coexistencia del arpa y la estrangulación, ambas ejecutadas por la mano creativa, si se quiere, indican que este refugio, el del arte, no será suficiente. Presente siempre está "el miedo", miedo ante los recuerdos, escondidos, pero levemente visibles siempre a poca profundidad en los "arrecifes" de la memoria. Nuestro mar no es solo aventura y libertad. Es terror y tántalo de la voluntad.

> Este paisaje de lobo
> este cuidado de ángel
> esta espiral encendida
> en escalera hueca.

Y ahora nos toca, en este comienzo de resolución, atajar la distancia entre representación y sentir. Lo que se nos presenta es "paisaje" y "cuidado", "lobos" y ángeles": No hay correspondencia entre la realidad y el deseo (siempre lo supo Cernuda, por supuesto). La escalera "hueca" es "espiral", pura caída. El producto final amenaza con ser el vacío. El final que revela Dávila no nos deja muchas alternativas:

> Esta campana desierta
> estas antorchas vivas
> este papel ya marchito
> oriente tinta en vilo.
>
> Este mortífero deseo de vuelo.

La "campana desierta" ha de sonar sin oídos clamorosos. Se toca a muerto, como en los viejos pueblos de la montaña, como en los pueblos de una extensa meseta o llanura. La tinta angustiada casi pregona que la literatura es un arma ineficaz. Ese papel,

papel que es cuerpo, que es el cuerpo, se marchita ante profecías peores que la lanzada por Garcilaso. Se desea volar, sin embargo, el impulso sigue.

¿Qué hacemos con todo lo expresado? Y pregunto otra vez más: ¿Habrá hacia dónde mirarnos para reconocernos? El embudo se va cerrando. Hemos entrado al pasillo del intimismo. ¿Habrá existido desde los inicios esta suerte de definición que encapsula? Nada más hay que observar levemente en derredor, y en las paredes de este y tantos pasillos, se revelan claves. En una pared veo "Después de 8 $^{1/2}$ horas de trabajo (no gustoso) el Poeta regresa a su casa", poema que aparece en *El amor es una enfermedad del hígado* de Edgardo Nieves Mieles:

> Ahora que la noche crece
> bajo tus párpados,
> regreso a casa
> abrumado por la horma y los zapatos.
> Mis ojos deshojan
> una alegría lenta y buena.
> Es el amor extendiendo
> sus regios manteles de paciencia.

El signo de la esperanza alimenta un inicio que desea volver cotidiana la expectativa de la felicidad compartida. El mundo es lo andado, lo externo. Aquí "la horma y los zapatos" serán señales de la responsabilidad que el oficiante aleja. El poeta, el ser viviente, el esperanzado, va deshaciendo, "deshojando" los pliegues de todo lo que lo separa del deseo conocido. Es consciente de la posible demora, pero también del premio que la "paciencia" ha de retribuirle.

> Sobre la mesa,
> la naturaleza muerta
> de una cena en fría espera.

El poeta, sin embargo, sabe de la amenaza de toda representación, la de ser sombra de la vida. La "cena en fría espera" une a la cotidianidad de la esperanza el temor de una inesperada desazón. Toda mesa es llanura (recordemos lo ya expresado en nuestro encapsulado mundo inaugurado por Dávila), posible meseta donde suene la campana sin que nadie escuche. Nieves, sin embargo, sonríe:

> Tú estás dormida.
> Desnuda.
> Un sabor a mármol
> me deshace la boca
> y junto a tu sien
> de laboriosa paloma en reposo,
> silenciosamente coloco
> la encendida espada
> de tres lirios rojos.

Sabe bien que la intimidad devolverá el orden. Deshecha la boca por "un sabor de mármol" nos lleva a pensar que toda paciencia redundará en el eterno monumento, que el amor entendido como dualidad entre lo carnal y lo trascendente posibilita la culminación de toda esperanza, y además, su continuidad nutricia y generativa.

No será la única versión. El intimismo es embudo que no presagia el lecho final de las savias que no han de empozarse y que caerán en vuelco libre. Por eso Daniel Torres desea que reconozcamos la multiplicidad. El gesto lo proclama en su poema "Son tantos" (*En (El) imperio de los sentidos*):

> Son tantos y tan variados
> mis defectos
> que sólo tendrías
> que aferrarte a uno
> para adorarme brevemente
> día a día
> u odiarme hasta el cansancio.

La respuesta inicial a todo, según Torres, es la sinceridad absoluta. No desea engañar a nadie, puesto que no se engaña a sí mismo. La oferta implica una recompensa cabal. La misma se ancla en el intrigante narcisismo de toda invitación. "Ódiame o adórame, pero recuerda que me quedaré dentro de ti y reorganizaré tu memoria", parece amenazar Torres a partir de lo que Martin Gore llamaría "the policy of truth". Pero no nos hemos de quedar con esta oferta inicial. Torres desea calar más en la conciencia del lector y mostrará, más allá de esa inaugural sinceridad, que la promesa no tiene una sola cara. Así lo manifiesta en su ambicioso texto "Otra arte homoerótica":

> Erotizarse
>   deshacerse
> en movimientos sobre el filo de la luna
> el falo del sueño
> o toda la vaselina lubricante
> del líquido las cremas
>
> (que ya no da igual)
> al meterse entre los puntos
> en cualquier parte

en medio de los salones
y las visitas por ejemplo
hasta la otra esquina
donde aún espera Oscar Wilde
y Sor Juana muere de amor
por una condesa
mientras Mann
interpreta su *Muerte en Venecia*

No

no habrá lugar desde entonces
(y menos para ti)
por entre las cortinas o las alfombras
encima
   por detrás o delante

Inicia Torres su propuesta trascendente instigando la complicidad de su lector idóneo, anclados ambos en el convencimiento febril de que todo nocturno onanismo equivale a la atrevida usurpación del sentido que implica toda lectura. La tinta no es solo propia, sino apropiada, propicia, casual, meramente posible como las cremas y demás barnices con los que se engaña al ojo y se le seduce. Los movimientos del falo implican la posterior escritura, asimilación de lo entendido para multiplicar su representación. Barthesiano, Torres recorrerá los espacios cerrados para enfrentar desde su auténtica presunción a aquellos que, aunque iniciados y totémicos, siguen aguardando por nuevos ojos que les usurpen las coordenadas de su verdad. Wilde mostrará su osadía, Sor Juana su resignación negociada, Mann dará vueltas y vueltas por las callejuelas angostas que nunca terminan y que multiplican un mismo círculo que se extrapola al espacio de los imposibles. Es entonces que Torres interrumpe con la negación contundente. El "No" ha de servir como endeble frontera, trazada al modo de la hendidura propuesta por Barthes, consciente por tanto de aprensiones confesadas y de límites que se imponen o que se subvierten, para dar inicio a ese entendimiento único que es imposible de descifrar y que, por lo tanto, no se siente ubicado en el mismo lugar que sus modelos. Ha jugado Torres con la aceptación y el rechazo de las influencias, rechazo que dará vueltas sobre sí y aceptará su deuda, la que plasma al no sentirse digno de compartir el suelo o los estantes en el mismo espacio inclusivo.

Torres, desde la visión alterna de toda intimidad, repara en la contundencia del producto. Lo que queda es testimonio, el falso pero real de la literatura, o el real o falso de nuestras vidas, uno en pugna con el otro en el instante de la redacción, el proceso por el cual presumimos una representación de lo que hemos sido para finalizar presentando una imagen de lo que todos son y han sido. Ese "No habrá lugar para ti", entonces, es una consciente claudicación, una admisión de que todo beso queda inacabado, sea de quien sea y que aunque juntos proponga el amor vinculante, la historia se encarga de abrir ella sola las puertas añoradas, siempre sin previo aviso, siempre a destiempo.

Justo será ver si el tiempo recorrido, zigzagueante como toda lectura, confirma la infructuosa ambición de la necesidad íntima, o si las campanas que anuncian duelo, agitadas en la

"Letanía" de Dávila, podrán dar anuncio de una verdad que todavía no hemos percibido. En este sentido, el hijo menor de la generación, Alberto Martínez-Márquez, esboza un diálogo conflictivo entre la representación abstracta y la enunciación de lo inmediato. La expresión de la voz poética hace las veces en ocasiones de una denuncia anclada en la idea de pormenorizar lo instantáneo. La expansión del espacio íntimo es absoluta. El sentimiento de Martínez Márquez se proyecta como un archivo ambivalente en el que impera un sutil orden que subyace al aparente caos semiótico. El peligro inminente es la posible autodestrucción. Vista la expresión íntima de esta manera, el bayamonés irredento logrará deleitarse en la misma pureza que ataca e intenta contaminar.

En su conjunto poético denominado *Poemas conjeturales*, presente en el poemario *Frutos subterráneos*, el quinto segmento reordena nuestro entendimiento de la voluntad amatoria:

> el cuerpo se recuesta
> en la lujuria de lo invisible
> allí donde los canguros de la elocuencia
> reconquistan el pecado

Se anuncia así el abandono de lo concreto. Se proyecta una dimensión dual en la pretendida invisibilidad de la lujuria. Es ante todo pensamiento, querencia. La intervención de los poetas ha de servir de mofa cuando se les tilda de "canguros de la elocuencia". Parecería que la búsqueda por la palabra precisa se definiera justamente por su carácter aleatorio. Es en ese trayecto que entonces se recupera la verdadera lujuria, una lujuria del sentido, una infatuación incongruente de aquellos que privilegian las palabras sobre los actos. Este reto al lector ha de sentirse nuevamente en el noveno segmento, más orientado a la cerebración, la que Martínez Márquez reinventa y dota de una nueva sensibilidad que se anuncia desde la esfera indefinida. En este caso, el asecho de la voz poética se orienta a la ciudad y sus contornos:

> porque en este momento
> todo se dilata
> la equivocación nos saluda
> desde el ombligo opuesto
> perversión que no se agota
> en el tráfico de las esencias urbanas

La exaltación del instante ha de implicar su extensión. Saturados en el error, el ser humano se define desde "el ombligo opuesto", es decir, en el contacto de las otredades. El espacio urbano cimienta esta tentativa de definición. La intimidad debe dar paso a ámbitos más inclusivos, a espacios llenos de fisuras y ventanas por las que pueda colarse el sentimiento ajeno y por el que escape la emoción transgresora, la misma que logra así adoptar voces distintas, sublimadas, enmascaradas. Para Martínez Márquez, como para Torres, la intimidad puede enunciarse desde la ejecución escritural. En su poema "Hay veces" la voz poética se enfrenta a una instancia de adversidad instantánea, la ausencia de la llegada del cartero un día (las fisuras y ventanas por las que sale y entra lo propio y lo ajeno) y el subsiguiente retorno con la carta sin enviar. La falta lleva a una racionalización de la carencia misma:

> qué extraña forma
> adquieren las palabras
> o
> la mano que la sostiene
> una vez que no ha llegado esta carta a su destino

Se aventura de esta forma una identidad entre el mensaje y el emisor y por otra parte se precisa la naturaleza suplementaria de la escritura. Martínez Márquez ve en la interrupción de los procesos la delación de la naturaleza contingente de la comunicación escrita, y de paso, se pone en entredicho el papel de esa "mano que la sostiene", la naturaleza misma del ejecutor:

> qué seré yo
> con respecto
> a esa carta

Cierra así con la interrogante, cuya ejecución misma no ha de poder contestar la paradoja ni mucho menos liberarnos del velo de la duda. Quien escribe es quien ama, quien besa, y esta admisión de la autonomía textual enuncia la falsedad de toda intimidad presumida, vociferada y relamida, pero urge o precisa —dentro de ese vuelco optimista por el que como lectores nos negamos a abandonarnos al vacío— de alguna resolución que defina algún horizonte. El beso no puede carecer de la sangre que llena cada labio. Así, instante seguido, en el tercer segmento, Martínez Márquez se adentra más en esta melancólica imprecisión de la escritura:

> "una de las varias formas de la nostalgia sería
> ésta: la de escribir algo sin ningún motivo"

El debate se centra entonces en el valor de la intención. No es solamente la palabra misma ni la ejecución, sino que esta vez cae sobre la mente misma que reacciona, que ha de enfrentarse a la posibilidad de considerar nulo todo proceso que intente justificarla. La contundencia de este reclamo se ha de sentir con mayor fuerza en el sexto segmento, donde lenguaje y mundo se verán desprovistos de toda posible relación:

> ella se desnuda
> me besa
> me muerde
> el pecho
> la oreja
> me acaricia
> hace el amor conmigo
> suda
> suspira
> y todavía
> le llama deseo

Quedamos así inmersos en la desfiguración. Llamar deseo a la realidad es el contrasentido total de cualquier semántica que aspire a la correspondencia hermética. Rigen las relaciones metafóricas y se vuelve al principio de la búsqueda a modo de una resolución impuesta, un detente, una advertencia ante lo que no ha de dar frutos: el espacio estéril del pensamiento, el desierto de la literatura.

No parece ser posible la marcha atrás, regresar hacia algún punto genésico que nos devuelva una clara conciencia de la revelación amatoria. Intentaremos un último ejercicio. Tal vez mirar nuevamente los otros pasillos caminados pueda alumbrarnos en la dirección deseada. Y dentro de esos pasillos, buscar el letrero exacto en la puerta precisa para dar vuelta a la manija y entrar a un espacio salvador o emancipador. Camino y veo en la puerta de Zoé Jiménez Corretjer un letrero que dice "Destino" (*Sala de espera*). Me place, pero a la vez me asustan sus posibles implicaciones. Tiempo y experiencia concreta, tiempo y sujeto amado, proclaman su equivalencia:

> Supuro tu nombre en mi lenguaje
> Tú, todo, tiempo
> que me abre la carne hasta el miedo
> y llora el infinito hilo de la oscuridad
> perpetua

La voz poética advierte la condición con que enuncia al ser amado. Supurar implica el desgaste sustantivo, el escape de un contenido excesivo. El aluvión de sentido y de carnalidad lleva a la voz a proclamar su "miedo", el mismo que presagia una amenazante soledad; amenazante por constituirse como hilo, y por lo tanto, materia prima de todo tejido, de todo texto que como residente del tiempo haga permanecer el recuerdo de la experiencia. Será el tiempo entonces el único encargado posible de auxiliar el pedido de la voz:

> tiempo que me levanta la piedra
> levitando la justicia
> que se derrite detrás de la puerta
> entre la madera de mis órganos
> cansados
> con los ojos flotando en el techo
> entre cavernas
> con la sombra que se hace columna o filo
>
> al pasar por tu puerta

El espacio personal continúa invadido por el exceso denunciado. El deseo de sacarse de la mente el terror muestra su debilidad. El terror ya ha hecho mella en los "órganos cansados": la genitalia y el coito, la garganta y el grito. El cuerpo se distiende sobre un lecho, y amén del deleite masturbatorio instantáneo, se injerta y se proyecta esa otra carnalidad denunciada, a través de la horizontalidad implícita en esos "ojos" que flotan en el techo, y en el paseo real o mental de la verticalidad que reconoce el recinto de ese "tú" enunciado y temido. La voz ha de pasar luego al reencuentro entre el espacio textual y el espacio real, al modo de Torres, a como lo intuía Nieves, a como lo plasma Dávila, sin poder repara en la desfiguración latente en el pasillo vivido por Martínez:

> Mientras tanto me sangra el dedo gordo
> y me clavo una astilla en tu nombre
> porque el vidrio del espejo
> es muy grueso todavía

La intensidad, atenta insistir en el desgaste, le hace imposible reclamar el espacio de la identidad propia, pues volver a verse en el espejo es admitir una transformación indeseada o acaso imprevista. Regresa la enunciación y se disfraza tras la mano, dedo y madera de penetraciones autoinfligidas y de textos que se desbordan más allá del instante y que como lava, habrán de secarse y permanecer a la vista de quienes posemos los ojos sobre ellos. La voz, pasará entonces a reclamar por última vez la búsqueda de algún sentido:

> Mira mi rostro de monitor parpadeante
> mira este verano que se nos sale por los ojos
> en una foto hecha de agua para flotarme
> Dime tú
> cuál fue el propósito de este envío
> de esta carta de muerte hecha vinagre en el cuerpo
> ¿Cómo leo las líneas de este número?

"Rostro de monitor" reclama para sí la voz poética, "parpadeante", porque muestra el sinsabor de una verdad que cada vez se va borrando, tanto en las marcas externas como en las internas. El "verano", la vitalidad absoluta, no entra por los ojos sino que sale. La decepción define toda búsqueda de significación. La foto plasma el recuerdo de lo que se pierde. Permanece como texto y en ese sentido va más allá de lo que el propio sentimiento humano experimenta. Foto "de agua" añade la voz, solvente y movediza, por lo que sabemos que toda significación inicial se ha de perder, verter, derramar, y en esa secuencia de mutabilidades el "yo" poético proclama que ha de flotar en vez de hundirse. Todo ha de terminar en un partir sin dirección premeditada. La medida, sin embargo, se ha implantado por otro texto que se suma. La llegada de "esta carta hecha vinagre" rehace o contesta la audacia expresada por "la carta" enunciada anteriormente por Martínez Márquez que "se escribe sin motivo alguno". Hay en ambos poemas una conciencia fija sobre la eternidad. En Martínez se parte de la premisa de que entre texto y experiencia se da un hiato, una división que sustenta el concepto de que se trata de dos dimensiones diferentes de la representación (pues es la vida también representación). En Jiménez, la experiencia deviene en el texto que deviene en otra experiencia y así en secuencia hasta que todo se aleja y quedan ambas definidas por la distancia. El desgaste lo manifiesta la transformación del vino en vinagre. Finalmente, entre experiencia y texto lo que queda es el punto de reposo de cada una. Así las cosas, se ha de volver tanto una como la otra, una mera cifra en la secuencia. La fatalidad se expresa en el último verso: "¿Cómo leo las líneas de este número?" El final, por lo tanto, cimienta o congela lo anunciado ya desde el título.

Esta corta travesía solo ha podido mostrar dos caras de un elemento marginal de la definición literaria de un conjunto de escritores. En Nieves Mieles se plasma un optimismo realista, atento al vacío que cualquier tropiezo pueda desencadenar. Parecería ser sin embargo, que su cautela se reproduce fuertemente en la conciencia de sus colegas de la palabra. Dávila da en el clavo. Toda letanía anuncia el toque de las campanas, y las campanas "tocan a muerto" como esboza el dicho popular. Es por eso que el espacio literario se vuelve remanso. Pero el remanso no es siempre fértil de paraísos. Torres plantea que el corte se fundamenta en la sinceridad, sin embargo, al intentar avanzar dentro de la misma, se topa con que el volver literatura la experiencia puede mostrar el verdadero rostro que en ocasiones escondemos. Su gesto lo acerca a las revelaciones de Lope de Vega. Y como en Lope de Vega, las calles no lo llevarán al consuelo. El caso es que si Martínez Márquez plantea la posibilidad de ir más allá de ese corte anunciado por Torres, la voz de Jiménez Corretjer asienta la idea del devenir.

El esfuerzo es precario, por no decir imposible. La Generación del 80 no puede anclarse en una precisa lista de características. Recuerdo que algunos los restringían a la experiencia editorial medular de la revista *Filo de Juego*, sin embargo no todos participaron en ese espacio. Otros hablaban de la reacción al entorno político propiciado por los años presidenciales de Reagan, pero muchos no veían la correspondencia precisa entre la experiencia política generada y la multiplicidad de la oferta textual. Otros, incluido su servidor, pensamos que al menos en lo tocante a la experiencia poética se generó una productiva relectura y regeneración de las vanguardias de principios del siglo XX, muy universales, como aquellas y bastante audaces. Sin embargo, algunos de los poetas demostraron un fervor más clásico, y su expresión no dejó de ser por ello audaz. Aquí, desde el espacio de la intimidad, hemos deseado pasear por los pasillos a modo de polizontes voyeristas. Muchos besos hemos visto. Muchos besos se han dado. Y no terminan. No quieren dejar de besar y de besarse unos a otros. Por más que se pierdan por los caminos de Dios, regresan al pasillo a darse besos y mostrar su verdadera cara, la del deseo inacabado, la del deleite furioso. En eso se me parecen todos. Reina por lo tanto, la mejor de las ortodoxias.

De padres e hijos

En ocasiones, una ruta que nos parece rectilínea, medida y ejecutada como tal, puede dar señales de caminos anteriores sobre los que se construyó, y puede mostrar a veces, a un lado u otro, rastros de lo que de seguro fueron caminos preexistentes que desembocaban en su diseño ancestral. Estos elementos aparecen y reaparecen mientras se avanza y en ocasiones notamos su semejanza a otras rutas ya caminadas. Podemos ver además dibujos o letreros en el entorno, mapas trascendentes, diseños que se han repetido y que nos confirman el pavimento local o nos hacen pensar en caminos distantes. Mientras caminamos, nuestro pensamiento hace las conexiones al recordar. Nuestro paso se hace paralelo y transversal. Si notamos todo esto mientras caminamos por una vía de piedra quedamos anclados y conscientes de un origen tortuoso y sangrante. Esta perfección en la ejecución de un camino, que es a su vez señal polivalente nos la regala Juan Rulfo en su sombrío texto "No oyes ladrar los perros" (*El llano en llamas*).

El texto se construye sobre un andamio empático: Un padre lleva a su hijo herido sobre sus hombros a otro pueblo donde tratará de que un médico lo vea. De entrada, cualquier lector sensato puede asociar el contexto presentado con las dificultades cotidianas de la vida mexicana rural y de los poblados pequeños en cualquier parte del mundo.

Ciertamente, Rulfo desea llamar la atención a este conjunto de elementos sociales que sirven de fondo obligado a su exploración incisiva de la naturaleza humana y de los paradigmas arquetípicos. Con muy poco, el lector reconoce que se establece un diálogo entre el paisaje, las circunstancias domésticas y la tradición literaria y mítica.

Y ciertamente, del mismo modo en que un lobo mexicano alfa organiza su jauría para asestar una celada, la sombra ética nutre y se apodera de las palabras para acecharnos con un dilema. El canje textual reside en la proyección vertical de los hechos descritos. Los ojos caninos de una nacionalidad sentida se posan sobre este posible sendero de provinciana urgencia. La urgencia reviste la avanzada condición del hijo, Ignacio. La urgencia resuena en la mente del padre, eco aquí de deberes inmutables y trascendentes.

Su confesión es pluralmente importante. El debate se ejecuta (verbo fundamental) desde el silencio de la comprensión y la racionalización de las emociones. La recriminación moral de las hirientes palabras del padre lacera de distinta manera a los posibles receptores tanto neófitos como aptos de su discurso. Revela el padre que solo lleva a su hijo herido por el deber que siente a la memoria de la fallecida madre de Ignacio. El lector optará entonces por atender incisivamente las palabras del viejo o proyectarlas dentro de un marco mayor, conflictivo y ético.

El más apto de los lectores, por supuesto, es Ignacio mismo. Consciente de sus actos, y de su propio pasado, reconoce perfectamente la dual responsabilidad del padre. La insistencia en la noción del deber, los silencios, la resignación y el sentido de urgencia se alternan en este diálogo viciado y fatal. Ignacio sabe que es su final. Sabe que es su juicio. La condena ya está predeterminada:

>—Ya debemos estar cerca.
>—Sí, pero no se oye nada.
>—Mira bien.
>—No se ve nada.
>—Pobre de ti, Ignacio.

Ese "Pobre de ti" resuena en el cadáver que será cadáver. "Y desde qué horas hemos dejado el monte", recuerda el padre y plasma la intención subyacente. Ignacio intenta adelantar la ejecución que le espera y que va descubriendo. Le pide al padre que lo baje. Prefiere el abandono, que se le deje en el suelo. Sin embargo, el padre robustece su voluntad, ha de seguir, y según marcha, cada hecho (antes) y cada palabra (después) hilvanan esta particular versión de la justicia de la que el narrador se hace eco en instantes precisos, como cuando describe algún gesto inequívoco: "El viejo se fue reculando hasta encontrarse con el paredón...". El ejecutor logra así la continuidad de la sentencia. Se asegura de tener control del cuerpo que será cadáver sobre sus hombros. Y le lanza pruebas al ejecutado: "¿Por qué no quieres decirme qué ves, tú que vas allá arriba, Ignacio?". Desea que hable, que quiera vivir, que fragüe así una indirecta defensa que implique el uso de palabras compelidas por un sentido de autoevaluación, que lleven a la disputa o a pedir perdón. El caso omiso del condenado da pie a la presentación de los cargos:

> Porque para mí usted ya no es mi hijo. He maldecido la sangre que usted tiene de mí. La parte que a mí me tocaba la he maldecido. He dicho: "¡Que se le pudra en los riñones la sangre que yo le di!" Lo dije desde que supe que usted andaba trajinando por los caminos, viviendo del robo y matando gente...

Hablar de los hechos es a la vez el instante del distanciamiento final del padre. Ya es juez y ejecutor. El camino se alarga en la dimensión de los recuerdos. Se alarga en la implícita aceptación de su destino, impuesto por su pasado. El padre solo acepta una responsabilidad, la de su fidelidad a la memoria de su esposa muerta. No puede haber fidelidad al hijo que destruye su noción honorable del linaje. Su fidelidad es entonces a la sociedad que lo hizo hombre de bien. Su deber es con el prójimo, con los caminos libres, con la historia del poblado que lo definió. "Sintió que el hombre aquel que llevaba sobre sus hombros dejó de apretar las rodillas y comenzó a soltar los pies, balanceándolo de un lado para otro": La ejecución ha terminado. El lector se enfrenta, por lo tanto, a una ética siempre compleja, la del presunto bien común. Impensable siquiera albergar la idea de que un padre reproche y condene a su hijo en el instante mismo en que el instinto más primitivo impone el socorro incondicional. Parecería que Rulfo nos da una de las claves para entender la precariedad de los modelos. No habrá funcionalidad donde se privilegien lealtades que afecten el bienestar social común.

Y el texto no termina con la consciencia del dilema. Otra lectura convierte el camino en una historia de las historias textuales. El padre carga con el hijo, que ha sido su sufrimiento y que es la suma de los horrores del mundo. Es su vía crucis. No es "el hijo" quien carga las penas y los pecados del mundo. Va muriendo mientras su padre transita su vía dolorosa. Inversión de la representación. Ignacio nos hace mejores lectores cuando exclama "Tengo sed". En este instante se nos abren los ojos ante la audacia rulfiana. El mimetismo es entendible desde el mero ángulo estructural. El peso, el valor añadido, nos lleva cuesta abajo por sendero empinado.

A modo de resumen o instrumento adelanto una entre las conclusiones posibles. Se percibe la idea de que somos responsables de nuestros actos pero la divinidad ya los conoce. Parecería ser una sentencia simbólica que cada núcleo social debe preveer. La conciencia del padre es manifiesta. Se nos presenta la paradoja implícita en la noción del bien mayor. Nuestro impulso negocia con la idea de que es natural querer ayudar al hijo herido, salvar su vida. Así visto, el padre meramente comenta sus pesares dentro del marco normal de su frustración. Su intensidad, sin embargo, puede lanzarnos como lectores a apreciar el ángulo del mayor de los sacrificios. No es un Abraham que ciegamente obedece, es un padre que desea cumplir éticamente su responsabilidad de manera dual. En primer lugar con la memoria de la madre (el bien interior), su esposa muerta. Tanto en el marco moral como en el cultural el dato es sustantivo. No romper una promesa es siempre visto como un acto de lealtad mayor. Igualmente relevante es el paradigma de la cultura, dentro del que el padre percibe como absolutamente real esta lealtad porque la muerte no es un final: es una percepción. Es por eso que el padre sigue hablando con el cadáver. En su percepción, el hijo ya estaba muerto para él como persona desde que se volvió criminal. En segundo lugar, se ancla la responsabilidad con la sociedad en que vive (el bien común), presa de la obra nefasta de su propio hijo, razón por la que enjuicia y asegura (o eso percibimos) a paso lento el final de sus días. Parece que al saberse responsable de traer a Ignacio al mundo se siente igualmente responsable de evitar que siga su irresponsable vida. Es un derecho que intuye, o un deber que se impone.

Rulfo se apodera así del episodio bíblico. Lo mexicaniza, y por consiguiente, humaniza la inversión del vía crucis. Lo vuelve relevante para un mundo en desorden que ansía una reivindicación, un propósito. A la vez nos da las claves de toda referencialidad literaria: Se toma (el elemento) para reilustrar (rehacer), y se miente (se escribe) para revelar una verdad escondida (interpretar).

El amor, sin embargo, resurge entre los carbones encendidos que empiedran el camino. La reivindicación espiritual dará forma al único pacto. La travesía del padre es una entrega dual. Más allá del dilema ético, que es su entrega social, la anuencia de la esposa muerta, "viva" dentro de su marco conceptual, es la verdad que persigue. Y ella observa el trayecto, el ofrecimiento, el cumplimiento. Mítica incorporación precisa, se muestra metaforizada en la

Luna que pasa y contempla, la mítica Diana o María sobre la Luna. Diana que es ojo en el cielo tras la muerte en el parto. María que es madre del mayor de los sacrificios. La proclama ética del padre es su don en el pacto, es pedir y esperar el perdón que solo se ha de otorgar cuando llegue al verdadero destino. No es Tonaya. Es delegar a la amada la responsabilidad futura. Amor y respeto a la promesa. Amor y reconocimiento a la mujer (compañera, madre, juez). Sufrimiento y liberación del padre por el deber.

El texto lo musita: "Una luna grande y colorada... que estiraba y oscurecía más su sombra" dará paso a la luna "casi azul" que llenará de luz la faz del padre. El ojo en el cielo otorga el perdón, y sonríe por su agradecimiento.

Ansiedad ante el viaje sin retorno. La pugna interior en *De tanto mirarte la espuma* de Jan Martínez

En *De tanto mirarte la espuma*, Jan Martínez se inserta en el dilema de la urgencia épica del poeta moldeado por la modernidad. La gesta se matiza con los colores de un lirismo íntimo pero desvestido, que aspira a lograr que el lector se identifique como parte de una misma voz. Se aspira a concretar un "todos" a partir de una secuencia interrogativa en la que el "yo" se lanza de cascada en cascada hasta llegar híbrido por la corriente hasta el mar nivelador. El lector apto es consciente desde el principio de que se ejecuta esta misión como un diálogo con *El Contemplado* de Pedro Salinas. Martínez se presenta como el discípulo, como el seguidor que se detiene a contemplar el mismo mar, que se monta en un navío y surca la inmensidad aprehendida y negociada porque desea deshacer las contestaciones ya dadas por la tradición, por el maestro evocado, y por la historia. Así visto, el poeta segmenta el océano cual si diera nuevas identidades a la amorfa totalidad, pasando de la totalizadora idea de "lo contemplado" a la diseminadora noción de "las miradas".

Observar el mar es entonces disgregar el ser para que en el mismo quepa el rostro de todo lector. Se contesta de esta forma al primer verso citado de Salinas "Los ojos son lo seguro", verso que entraña fijeza, estandarte que define a todo poeta puro. En

"De tanto mirarte…", primer poema del texto, Martínez presenta de antemano la sentencia implícita en la labor de Salinas: "Eres lo que nunca desiste, la precisión / De lo inconforme que apenas figura / Entre las olas…". Poco después se lanza la interrogación que ha de definir la búsqueda de Martínez:

> ¿Si vienes del cielo, si eres telar de lloviznas
> Milenarias, quién recoge en tu ser de aire
> El tapiz donde las naves se hacen con el dulce alisio
> Del que sacas siempre un radiante albor
> Para ceñirle una ternura
> Al azul que en ti nunca cesa?

Queda en entredicho la uniformidad como sustento expresivo. La voz poética parece preguntarle al mar, a Salinas, y al lector: ¿Cómo es posible el tejido de historias si se aspira a la fijeza absoluta? Esta es la primera mirada. Martínez, quien destila tanto en la tinta como en la plástica, advierte que no hay tal cosa como el lienzo en blanco. Toda secuencia de hechos deja su marca y aunque precaria, la memoria es la única argamasa estable, idea que lo enfrenta al presente total que subyace al texto de Salinas.

El diálogo entre los poemas es posible cuando coinciden las fisuras que insinúan el inevitable desprendimiento. Salinas, en la "Variación VI", expresa "La luz se hace despacio", y se percibe así la sombra de la ansiedad. Martínez, en "Quién si no tú…", va un paso más allá al manifestar su sentido de urgencia ante lo incógnito:

> Quién si no tú, Contemplado
> Nos has de llevar hasta la fuente,

> Hacia ese otro paraje
> Donde siempre nos abandonas
> Con el sabor de Dios tan inconcluso
> > Entre las manos y los ojos…

La voz poética muestra así el temor de revelar su propio sentido. La idea del dios inacabado supone la validez de todo lo inmediato, lo que entonces deja la representación al arbitrio de todo ejecutor. Un dios inconcluso es un no-dios. Martínez deja en el ser humano la responsabilidad iniciadora, imperfecta y capaz de nutrirse del engaño:

> Pues bien sabemos
> Que si la belleza se aviene
> Con su parienta la mentira
> Podemos devolvernos
> A la otra ribera
> Dejando un recado de luz
> > Vibrando entre los versos.

Surcar es entonces escribir. El diálogo ya presenta el ángulo del cuestionamiento vital. Incita al lector a admitir que finalmente no le queda más destino que devolverse "a la otra ribera". No hay modo de iniciar. Inventio es imitatio.

La voz poética, por lo tanto, ha de enfrentar sin ambages su autoimpuesta responsabilidad. Martínez muestra plena consciencia de ello en el poema "Mar antesala…", en el que se aventura impregnado de contrastes y pugnas:

> Mar antesala de la huida.
> Mentida infinidad que urde

> Pasajes y olvidos. Geometría falaz
> De la sal que se abisma…

El efecto inicial se centra en la noción de la ilegitimidad. Un prólogo a "la huida" connota la carga negativa del pasado y el reconocimiento por parte del "yo" de un presunto fracaso. Esto lo lleva a menospreciar la previa alabanza, el afán de lo infinito. Una geometría falsa implica tomar conciencia de que todo se ha construido a partir del error. Martínez continúa la queja con los versos "Largo pabellón de melancolías, / Noche rumorosa que miente estrellas". Se manifiesta así el peligro de que todo sea reflejo del reflejo. Cada historia que comienza es la repetición de otra historia consumada. La consecuencia inmediata es la frustración, lo que lleva a la voz en el siguiente poema, "A los labios con que mi voz te nombra", a apelar directamente a su predecesor:

> Siendo tú el contemplador
> Supiste para siempre que eras también el mar,
> Al que habrías de brindarle en verso
> La luz de lo mirado.

Se rechaza entonces la pureza de Salinas. Al unir las identidades del contemplador y del mar, se admite la imposibilidad de trascender la experiencia personal para percibir la totalidad del objeto encomiado. Martínez descifra a Salinas y se descifra a sí mismo. Se muestra al mostrar el verdadero rostro del cantor, siempre insuficiente:

> Pues te miro en el mar Salinas
> Y te descubro ceñido por silencios
> Que jamás prescriben,

Ausencias que la poesía devela
Para darnos la oportunidad
De ser más regalo de lo que se nos ha dado.

Comienza Martínez su viaje como eco del silencio. Aumenta de esta manera la ansiedad pues no se reconoce así un puente que una sujeto y objeto. No se adentra tampoco un muelle que abarque la interminable extensión y profundidad de lo observado. El temor al naufragio da mayor sentido al remanso precario de toda costa. Más adelante, y consciente de que se le cierra el paso, el poeta rechaza entonces la posibilidad de que sea otro el testigo de la epifanía semántica. Rechaza todo intermediario y como ejemplo condena la labor de la gaviota:

> ¿A dónde se dirige la gaviota?
> ¿Qué fin persigue en su vuelo
> Extrañada del destierro de sus alas?
> ¿Quién la dotó de horizontes?
> ¿Por qué el cristal no le urde laberintos de espuma?

Martínez, quien ya ha optado por la interrogación como mapa de su viaje expresivo, define doblemente la limitación de la palabra. Palidece ella misma. Palidece el poeta que ve en ella un espacio concreto. Palidecen todos los que intentan llegar a la otra orilla, anclados todos a la ribera desde la que observan. Se menosprecia al ave, se menosprecia al único posible agente vinculante. Martínez culmina preguntando "¿Por qué nunca naufraga la gaviota". Salinas no le contesta, pero acaso sí Rafael Alberti, desde su balcón le recuerda, que la gaviota, al igual que la paloma, "se equivoca".

La única alternativa que queda es el pacto. En el poema "Lo miro…", Martínez esboza el contrato de su insuficiencia, pero a la vez de su dicha: "Lo miro y sabe que lo pierdo / Que él llega más allá de mis ojos". Martínez se define. Es una sola voz ante la dimensión inabarcable del mar, y ante la dimensión inacabable de Salinas. El pacto es la aceptación refleja en que siempre se sabe distante, a un paso que nunca logra completar, o ante un horizonte que siempre se aleja. El poeta dice "soy Jan Martínez, lector apto" cuando enuncia "cuido su belleza / Con el asombro de mis ojos…".

Llegado a este punto, la voz poética lanza preguntas al modo en que se lanzan las piedras cuyas ondas subsisten poco ante el oleaje: "¿Serán los ojos la entrada del mar? / ¿El lugar de los encuentros". La secuela interrogativa se sabe contestada. Se sabe índice de una milenaria tradición invariable. Solo se ha de apostar a un rumor de misticismo, como queda sugerido marginalmente en la obra de Salinas. La ambición épica y la caída trágica del héroe se imponen, y con ellas la caída del poeta observador que siente su apocamiento y la ineludible reducción de toda palabra escrita vuelta espuma, espuma que revela la precariedad de toda representación, o como presenta Martínez: "espumas que al oído me dicen que todo es mentira / Que es siempre el mar el que mira / Desde tus ojos mirándose". Adopta, por lo tanto, el reclamo de quien se ve vencido por la angustia existencial. Llegar al "lugar de los encuentros" es llegar a la otra orilla. Y la otra orilla, la desconocida y segura, es la muerte. A su modo, al desentrañar la representación de Salinas, Martínez revela el eco de Jorge Manrique, siempre al acecho en nuestra tradición. Así como es el río de la vida que llega a su final, montarse en la barca para llegar a la otra orilla es querer retardar el silencio absoluto recreando y reconociendo el efecto sublime de lo absoluto. No hay nada que no se defina a partir de la muerte. No hay significación trascendente sin la aceptación de esta condición: El edificio cautivante, la escultura eterna, la pintura colgante, el texto leído y releído. Sabe Martínez que ha llegado a la frontera, y que por el momento no podrá trascenderla. Ha apostado al poder dinámico de la interrogación, lo que lo deja anclado en la orilla conocida o varado en un viaje circular desde donde solo podrá verse a sí mismo. Este es el Jan Martínez que besó el recuerdo de Ramos Otero y que comienza su conversación postrera con Salinas caminando por Santa María Magdalena de Pazzis. Toda espuma es tinta de una elegía que aguarda. Y cuando escribimos, ejercitamos desentendidamente nuestra propia elegía.

Y como todo poeta que se ha visto en el espejo de la palabra duplicada, Martínez busca un segundo inicio. Lo notamos en "Eres lo que se ve...", poema con el que abre una nueva exploración que se sabe ya explorada:

> Eres lo que se ve desde un primer mirar,
> Origen de la luz en la mañana
> Flor de fuego al mediodía,
> Tristeza del azul que se pierde
> En la tarde que se esconde
> Entre las sombras para regalarle
> Pedacitos de lumbre a las estrellas...

Reconocido su colapso, la voz poética vuelve sobre la imagen genésica ("un primer mirar") para dar valor al tiempo que resta y sumar sobre lo sumado. La ofrenda al mar se manifiesta después del atardecer, y la noche, antesala de todo final y todo inicio, legitima el ofrecimiento igualado en la guía náutica de las estrellas. En el poema siguiente, "A quien le puede interesar...", la voz se lanza al nuevo recorrido dando a entender que adentrarse nuevamente al mar constituye el segundo inicio: "¿Por qué me llama el velamen suelto sobre el mar como un delirio, / El sueño de otras costas, llegar a nuevas radas? / Zarpar". La nueva exploración, el segundo viaje, se fundamenta en la promesa de surcar el camino conocido, es decir, recuperar el pleno sentido de la tradición y darle una nueva voz. Se hace evidente el gesto en "Me dijeron que tenías quimeras...", poema en que esa segunda definición se antropomorfa el intercambio:

> Me dijeron que tenías quimeras hambrientas en tus abismos.
> Que mil bajeles te llenaron de oro las azul marinas entrañas.
> Que eres líquida lumbre de infinitos soles en ti derretidos.
> Que tienes en una orilla un mar y en otra un océano.
> Que te alimentas de ríos que jamás se sacian de llenarte.
> Que eres una multitud derramada de aguaceros gimiendo sobre tus orillas.
> Un alud de azules desprendido de un éxtasis celeste.
> Que eres de mentira, también me dijeron
> Y que en ti no cabía todo el cielo
> Que sólo eras un espejo reflejando una falacia.
> Un ardid de espumas sollozando en un vano cristal.
> Y que estabas igual que nosotros sediento de infinito.

La voz negocia así un equilibrio. Regresa la visión manriqueña del río, el tema de la mentira como fundamento de la representación, y la duplicación mar / océano para trascender la noción del ir de una orilla a la otra. Esta igualación de fuerzas es tarea difusa. Justo al comenzar el segundo intento no queda claro quién da sentido a quién. Ese "estabas igual que nosotros sediento de infinitos", aparenta reformular la igualación entre objeto y sujeto.

Más adelante, sin embargo, se nos recuerda que tal no puede ser el norte de un segundo viaje. Proyecta el mar un sesgo de indiferencia que se cuela entre nuestras aspiraciones, lo que Martínez manifiesta en "Nunca podré…": "Nunca podré vivir lo que otros ojos / Contemplan y que por ti provocado / Es regalo único e intransferible". Se admite de esta forma la incapacidad de la voz, de toda voz, de poder abarcar en su experiencia presente y concreta el archivo total de la memoria que se hereda. El mar, ya personificado, vuelca su indiferencia al dar paso a la intuición de que todo carece de sentido.

Por lo tanto, la expresión queda atrapada por el dilema del origen. En "Cuando te dijeron sé", Martínez intenta llegar al lugar del origen, aunque en vez de encontrar respuesta articula más preguntas:

> Cuando te dijeron sé,
> ¿Qué sentiste mientras te ungías,
> Mientras te tragabas el celeste
> De todos los universos?

La referencia nos lleva al instante del "fiat", al mar calmado que precede la creación humana cristiana, que precede la saga maya. Junta así Martínez nuestras dos orillas visibles (América, España), para entonces dar una interpretación polivalente e imperfecta, la que todo poeta comparte con quienes conquistan:

> Quizás quisiste gritar
> Y solo tenías un rumor gris
> Apretado en la garganta.
> Como todos nosotros,
> Ciegos y afásicos,
> Que mirándote la luz en la noche
> Adivinamos el fantasma
> De todas las palabras juntas
> Buscando decirte sin voz que te nombre...

Se revela el poeta como conquistador insuficiente. La ceguera y la afasia predeterminan la incapacidad de abarcar o comunicar el origen del sentido. Maravillarse ante el fenómeno es la única respuesta porque es la única experiencia posible. Tal admisión lo lleva aun futuro cuestionamiento:

> ¿Acaso barajando favores
> Tuviste en esa noche del encuentro con Dios
> El as del corazón entre los alisios
> Y de tan celeste ya translúcido
> En la divina mirada
> Le ganaste el juego de repetir la eternidad

Como hemos venido diciendo, la simiente es mística, el fruto es trágico. El "encuentro con Dios" se presenta desde el cuestionamiento, lo que hace que la voz pase de la admiración al recuento, distancia que la condena a no vivir desde dentro la totalidad.

Es significativo el reto. La voz se pregunta si hubo mar antes que Dios. Se pregunta por la definición de la creación misma. Se pregunta si toda existencia es nominal, posterior a la palabra, y por lo tanto, irrelevante dentro de un universo incomprensible e inalcanzable.

Llegados a este punto, el poeta nos despide con la hermosa negociación titulada "Cartografías". Hace las paces finalmente con la tradición. Observar el mapa es explorar lo conocido y fingirse horizontes incógnitos para los demás, pero concretos para quien los propone. Define así la vocación de todo poeta. Define así la juventud plural que vive en su intento de "dar origen nuevamente", como diría Paul de Man (*The Rhetoric of Romanticism*) a propósito de la urgencia del romántico, a lo observado. Ser Adán o ser el rebelde joven está en la sangre del poeta. Martínez lo ratifica desde la razón:

> Y soñar otras lejanías,
> El color de otro designio,
> Ciertos azules que por aquí no nacen,
> Distintos acentos, quizás el mismo amor
> Madurado con otros sueños.
> Vivir en un lugar donde durmieran dragones,
> Fabulosas bestias rugiendo detrás de algún horizonte
> Detenidos en la falacia de su propia fábula.

Poco a poco se va deshilando el nudo de nudos. La voz proyecta distancia y desde ella racionaliza lo que ha hecho y lo que le queda por hacer. Como Salinas, como Alberti, Martínez es un marinero en tierra. Su final admisión cierra el libro y lo coloca en el anaquel, lo devuelve al espacio del archivo, el único que podrá surcar en la mirada de los ojos ajenos: "Qué importa… / Miro el mapa. / Eso es todo".

En *De tanto mirarte la espuma*, Jan Martínez naufraga conscientemente, equipado con los mejores sextantes posibles, por la ruta de la exploración pura de Guillén, de Salinas y de Alberti. La máscara del misticismo cede ante la odisea que se impone, y esta cede a su vez al intento byroniano o esproncediano de la nueva identidad y el nuevo origen. La rebeldía de las palabras propicia la zozobra. Tras bordear todos los modos (el épico, el paródico, el íntimo), Martínez obedece la ley única de quienes escriben: "inventio imitatio est", y sonríe mientras se sumerge en ese mar donde yacen sumergidos los cofres perdidos con los que solo se puede soñar para revelerse entonces como el ser concreto que vive y que articula su subsistencia sórdida y tenaz.

Retórica, romanticismo, y el optimismo americanista de Carlos Fuentes

El nacimiento de las repúblicas hispanoamericanas se produce en un instante de convergencia efervescente entre las ideas reformadoras y organizadoras de la Ilustración y la impetuosidad individualista y regeneracionista del romanticismo. Supone ser un intento de separación, de rompimiento, que a su vez dependería de su posible formulación discursiva. Por supuesto, tal convergencia delataría un marco estructurador contradictorio, cuya única fuerza organizadora visible correspondería a los intereses inmediatos de una clase dominante que en última instancia opta por la reproducción de los mecanismos de dominación de la metrópoli. La ensayística hispanoamericana ha querido reformular este origen a través de los años. Recapacita, analiza, reordena y propone. Sarmiento, Martí, Rodó, Ingenieros, Lezama, Galeano y tantos otros deambulan esta ruta incierta pero urgente, por la que la razón pugna o revela su deuda para con el filo de las emociones. En *Valiente mundo nuevo. Épica, utopía y mito en la novela hispanoamericana*, Carlos Fuentes se lanza a esta peregrinación ineludible. Concebido como un conjunto amalgamado de propuestas originadas a partir de su práctica docente, presenta una aproximación dinámica, en diálogo con los textos que comenta, y en diálogo con su propia presentación y sus consecuencias intelectuales. Fuentes desea enfrentarse a la razón misma. Es su instrumento definidor, su hilo conductor. En nuestro ensayo deseamos echar una mirada a esa construcción discursiva y postular su inserción fatal, bien que particular, en la corriente espiritual romántica que ha definido nuestras latitudes.

El foco de nuestras observaciones será la exposición que hace Fuentes de su propósito y su metodología, presente en "Crisis y continuidad cultural" y en "Tiempo y espacio en la novela", las primeras secciones del libro (las citas siguen el orden en que aparecen en el texto). Ya desde este lugar se detecta la vena emocional, como en su declaración inicial: "Sus páginas en blanco están escritas con dos manos. Una de ellas es la de la esperanza; la otra es la del miedo". Abre así Fuentes la puerta de su texto bajo el signo de la futuridad. Evita en principio un tono mesiánico al postular toda posibilidad futura por medio de la interrogación, como cuando declara que "sólo seremos algo en el futuro" a partir de la unidad de esfuerzos y del reconocimiento de un "pasado común". Pasa Fuentes a lo que se volverá su punto nodal, el concepto de la "continuidad cultural". La misma se opone a la división y a la insuficiencia políticas, productos de la incongruencia entre ambas experiencias humanas. La presunta incapacidad hispanoamericana para adaptar los modelos de la modernidad occidental se relaciona con el reconocimiento de una tradición cultural propia y diferente:

> [...] somos los hijos de la Contrarreforma española, la muralla levantada contra la expansión de la modernidad. ¿Cómo

podemos entonces ser modernos? Pero somos —aún más profundamente— los herederos intelectuales, morales y políticos de las filosofías de san Agustín y santo Tomás de Aquino, más que de las ideas "modernas" de John Locke y Martín Lutero. Con san Agustín, nos cuesta trabajo creer que la gracia de Dios se comunica directamente con el individuo; contra John Locke, nos cuesta creer que el propósito del gobierno civil sea la protección de la propiedad privada. Creemos, más bien, en los poderes de la jerarquía y de la mediación. Creemos, con Santo Tomás, que el bien común y la unidad requerida para obtenerlo, son superiores a las metas individuales y a los intereses privados.

Entronca así Fuentes la perspectiva hispanoamericana con la hispánica tradicional, enmarcada por la herencia medieval (si bien ha querido incorporar la presencia de los elementos aborígenes y africanos). Supone así una pugna constante contra lo que denomina "imitación extralógica", adaptación ineficaz de los modelos "modernos" que requeriría entonces del "traslado" de la vitalidad reconocida en la "continuidad cultural" hispánica. La crisis ha sido el producto de la ceguera de las clases dirigentes, que incorporaron el comportamiento consumista occidental sin dar atención a la incorporación de los modos de producción que tal modelo entraña. Las artes y la cultura, sin embargo, han apreciado esta falta de comunicación e intención en la estructuración sociopolítica hispanoamericana:

Los novelistas, los poetas, los pintores, los

músicos, más nietzscheanos que hegelianos, nos permitieron entender que es imposible integrar completamente al ser humano en un proyecto racional. Los hombres y las mujeres oponemos demasiadas visiones, estéticas, eróticas, irracionales, a cualquier intento de armonización integral con el Estado, la corporación, la iglesia, el partido o aun, con la novia legítima de todas estas instituciones: "La Historia".

Comienza en este instante una de las transiciones más importantes del texto de Fuentes. Desea unificar un planteamiento político netamente moderno, anclado en la concepción plural de la democracia, con el reclamo legitimador de la continuidad cultural hispánica, hecho que propiciaría lo que denomina "el crecimiento con justicia". La multiplicidad indígena, española y africana contiene los ingredientes esenciales para avalar una propuesta democrática particular, ajena a la propuesta anglosajona. En un instante en que nos recuerda a Jovellanos, Fuentes apela a la noción de una "democracia medieval española", hito tradicional que debe tenerse en cuenta por sobre cualquier modelo capitalista o marxista. Y es en este instante cuando presenta su afirmación más normativa: "La base para una cultura democrática en Iberoamérica es la continuidad cultural, de la cual tanto la democracia como la literatura son manifestaciones". Hermana Fuentes la noción cultural con la política. Supone así el ejercicio de la libertad como una consecuencia del reconocimiento y la práctica de la semilla originadora de la cultura plural. Es en este gesto genésico donde localizamos lo que hemos considerado como la veta romántica del discurso de Fuentes. Para Paul de Man (*The Rhetoric of Romanticism*), el deseo de todo lenguaje poético es la "originación" (dar origen nuevamente), el intento de rehacer, de recrear en la nominación el contenido de la palabra. "Originar" habrá de entenderse como una experiencia dinámica que va más allá del lazo impuesto entre palabra y elemento. Esto supone que la metáfora intenta proyectarse como una entidad propia o literal, si se quiere, gesto que semeja cierta nostalgia. Entendemos que el gesto retórico de Fuentes calca este proceso originador presentado por de Man. Sus elementos difieren de la materia prima del poeta, pero su transformación es la misma. Su apelación a la "continuidad cultural" hace las veces del gesto originador, y se traduce como la nostalgia del principio, de la raíz plural de la experiencia hispanoamericana.

Para Fuentes se ha quebrado el vínculo definidor y originador de la experiencia plural hispanoamericana. El error se detecta en las opciones políticas del hemisferio, que se alejaron del reconocimiento de su realidad cultural para complacer el capricho europeizante de una minoría. Se hace eco de la querella fundamental de José Martí, para quien la falta de acomodo a la realidad contextual en Hispanoamérica ha impedido el desarrollo de lo que denomina el "gobierno lógico". Para Fuentes se trata entonces del desvío del gran "milagro" originador:

> El tiempo de los milagros despreció esa continuidad, porque ella impone la

obligación de conjugar la memoria con el deseo, radicados ambos —pasado y futuro— en el presente. La impaciencia progresista resultó ser un capítulo más de la historia de rupturas políticas y económicas de la América "Latina". La paciencia cultural insistió, en cambio, en que la imaginación del pasado era inseparable de la imaginación del futuro; un porvenir, imperfecto quizás, pero vivible, para Indo-Afro-Ibero-América.

Una alternativa existe, sin embargo, y se da en la figura amalgamadora del escritor. Éste se proyecta como aquél que identifica los lazos originarios y los rescata constantemente: "Imaginar el pasado. Recordar el futuro. Un escritor conjuga los tiempos y las tensiones de la vida humana con medios verbales". La narrativa se ve entonces como el espacio en el que se recrea el origen olvidado o menospreciado de nuestra iberoamericanidad. Fuentes intenta en adelante señalar la conexión genésica que delatan los mejores escritores hispanoamericanos. La cultura es así el medio que combina ambas naturalezas: la literal y la humana. Su evocación de las obras de Carpentier y Rulfo insiste en estas coordenadas, al ver en el primero la evocación y celebración de la inmensidad y en el segundo la destrucción, la muerte que el error político ha generado. En *Cien años de soledad*, encuentra Fuentes la contestación vital de esa cultura originadora al ser un texto en que el "recordar todo" implica "desear todo". Huelga indicar que el gesto de Fuentes se ubica en el mismo espacio. La pretensión galvanizadora de su discurso ensaya la totalidad. Al evaluar el papel de la narrativa Fuentes nos indica su verdadera naturaleza, que corresponde a "re-inventar el pasado" para darle nuevo sentido. La palabra debe concebirse así como un "fiat" constante, semilla cultural y semilla natural empalmadas. Tal empalme debe reconstituirse a través de la historia y, además, en sí misma la experiencia histórica. En una de las secciones más reveladoras del texto, Fuentes postula lo que podemos considerar como los rudimentos de una metodología originadora:

> Así el movimiento de la literatura iberoamericana ha constituido una suerte de vigilancia de nuestra historia, dándole, junto con las demás formas de nuestra cultura, continuidad. En este libro, lo concibo como un movimiento de la utopía con que el viejo mundo soñó al nuevo mundo, a la épica que destruyó la ilusión utópica mediante la conquista, a la contraconquista que respondió tanto a la épica como a la utopía con una nueva civilización de mestizajes, barroca y sincrética, policultural y multirracial. Este movimiento va acompañado de cuatro funciones: Nominación y Voz; Memoria y Deseo. Cada una revela una constelación de problemas constantes, relacionados con la creación de una policultura indo-afro-iberoamericana.

Fuentes pasa luego a justificar su perspectiva con la obra teórica de Vico y de Bajtin. El primero le sirve para sustentar la idea de que la historia es ante todo una "fabricación" humana, lo que deviene en la noción de que la historia es en realidad "historia de la cultura". Se opone Fuentes a la noción universalista del progreso histórico propia de la Ilustración europea.

La ubica junto al error cometido por nuestras clases dominantes decimonónicas, al no querer reconocer la naturaleza multiforme de nuestra realidad:

> Carentes de historia y de universalidad —todo lo que es diferente es ilusorio, diría Voltaire— los pueblos del Hemisferio Occidental —salvajes, niños o idiotas— nos unimos sin embargo, en el entusiasmo de la independencia, la fe en el progreso y la negación del pasado, a lo que nos negaba. Quisimos, esta vez, llegar a tiempo a la mesa de la civilización: superar de un golpe lo que veíamos como retrasos indios, negros, mestizos, españoles, coloniales, contrarreformistas. Negamos lo que habíamos hecho —un mundo policultural y multirracial en desarrollo— y afirmamos lo que no podíamos ser —europeos modernos— sin asimilar lo que ya éramos —indoafroiberoamericanos. El precio político y cultural fue muy alto. Mejor hubiéramos hecho en leer a Vico que a Voltaire.

Esta propuesta abarcadora de Fuentes resulta problemática. Supone indirectamente la posibilidad de plantear una opción, es decir, que en el instante forjador de las repúblicas hispanoamericanas las condiciones imperantes se prestaban para una elección en términos del rumbo político. Esta generalización muestra claramente la presencia de una nostalgia genésica: el reconocimiento de una presunta pérdida anclada en la reacción a las nocivas condiciones presentes.

Bajtin le proporciona el marco teórico para el análisis de la narrativa, el dialogismo, que en adelante reúne en una concepción integradora, vista la narrativa como ejemplo medular de los hechos de cultura. La interacción de las múltiples voces en el discurso novelístico se parangona con la necesaria interacción racial y cultural de la historia cultural americana. No prestar atención a esta realidad desemboca en la práctica de una modernidad equivocada, marcada por la exaltación de modelos ajenos como la Ilustración misma, el reformismo liberal, el marxismo, el positivismo y el capitalismo, que Fuentes opone a nuestra identidad poli-cultural. Insiste en el desatino conceptual del "traslado", que considera "un divorcio entre la nación legal y la nación real. Ahora bien, ¿no es esto lo que ocurre siempre entre la realidad política y la cultural? ¿No es siempre la cultura un instrumento que en alguna medida utilizan las clases dominantes o dirigentes? ¿Desea Fuentes un modelo atento a la convergencia política y cultural? ¿Cuál, si alguna, es la opción que postula en términos reales y políticos, más allá de la celebrada "continuidad cultural"? Aparenta transparentarse la idea de un modelo político democrático amparado en la articulación de un lenguaje cultural reafirmador. Un instante paradójico nos revela la caída, la trampa en que se disuelve el filo cortante del discurso. Fuentes se detiene momentáneamente en la figura de Sarmiento: "Celebración del porvenir civilizado, denuncia de la barbarie histórica, Sarmiento el liberal ilustrado al menos reconoce claramente ese pasado, establece una relación entre lo que somos y lo que fuimos". Fuentes ha recordado a una figura en sí misma contradictoria, seguidor de las tendencias intelectuales europeas, pero a su vez evocador de la gesta individualista y primigenia de su pasado nacional. Sarmiento ha romantizado a Facundo, y a su vez Fuentes romantiza a Sarmiento y lo presenta como un vínculo, como un punto en el que converge la conciencia presta a reparar el futuro a partir del reconocimiento del pasado. Algo semejante habíamos observado sobre sus ideas sobre el pasado medieval español, lo que nos ha hecho compararlo con la figura de Jovellanos, idealizador a su vez de un pasado definidor. Cae Fuentes en la trampa de la "originación", de la repetición especular, de la reproducción de ese instante de deseo y vacío. En adelante, Fuentes insistirá en el papel privilegiado que le ha tocado a la novela como eje del deseo por restaurar la totalidad originaria. Retoma el despliegue de las "categorías" espirituales en lo que puede considerarse una delimitación de ese "fiat", de ese instante en que el hecho de cultura se concreta como aspiración genésica:

> Nombre y voz, memoria y deseo, son los lazos de unión profunda entre nuestros orígenes, nuestro presente y nuestro porvenir. En novelas como *Los pasos perdidos* y *Cien años de soledad*, es deslumbrante el encuentro directo, afectivo, de la crónica del siglo XVI con la novela del siglo XX. Nacido de la empatía y el reconocimiento mutuos, el hecho nos demuestra, también, el poder apenas explotado de la novela para acercar lo que estaba separado.

Así visto, el presente y el pasado se conjugan en una tercera realidad que, no sólo cumple esa unificación, sino que se perpetúa en el tiempo. Ese instante sin embargo deberá entenderse a su vez como el producto de una carencia, la carencia del acuerdo entre cultura e historia, y así Fuentes reconoce que su gesta se ancla en el deseo. Fuentes pone el dedo en la llaga, cuando caracteriza al novelista: "El descubridor es el deseador, el memorioso, el nominador y el voceador. No sólo quiere descubrir la realidad; también quiere nombrarla, desearla, decirla y recordarla. A veces, todo ello se resume en otro propósito: imaginarla". Es en esa imaginación que reconocemos la "originación". Al igual que el poeta romántico, el novelista hace otra vez, inventa otra vez, crea otra vez. Su obra intenta recapturar la inmediatez de los hechos, devolverles la vigencia del instante exacto y primero por el cual han concretado, y siguen concretando la identidad de los pueblos. Su reclamo, sin embargo, será insuficiente. Su orfebrería la denuncia, la anuncia como una entidad aparte, como un tercero, por lo que dependerá de la ejecución acertada de su devenir histórico.

Pasada la reflexión individual sobre la selección de textos que hace Fuentes, regresa en la sección final ("Conocimientos y reconocimientos") a destacar el papel singular que le toca a nuestros escritores: "el escritor indo-afro-iberoamericano ha estado poseído de la urgencia del descubridor: si yo no nombro, nadie nombrará; si yo no escribo, todo será olvidado; si todo es olvidado, dejaremos de ser". Su insistencia se verá mediada en esta ocasión por el peso de la realidad cuando declara: "La salvación era y será política". Aparenta atenuar aquí el impulso que ha definido su exploración y exposición críticas, pero en verdad se prepara para restablecer el valor de la literatura, lugar de verdadera convergencia cuando advierte: "en el Nuevo Mundo la literatura se convierte en un hecho vital y urgente, factor de vida y factor de cultura, verbo denominador". Esta recapitulación lo lanza a una reflexión final esperanzadora, atenta a recalcar la continuidad cultural y la continuidad de la novela como instante esclarecedor de nuestra realidad:

> Nuestra literatura por venir, en el siglo XXI, habrá aprendido las lecciones del pasado, actualizándolas: la literatura no se agota en su contexto político e histórico, sino que abre constantemente nuevos horizontes de lectura para lectores inexistentes en el momento en el que la obra se escribió. De este modo, la literatura se escribe no sólo para el futuro, sino también para el pasado, al que revela hoy con una novedad distinta a la que tuvo ayer.

Se intenta así trascender la nostalgia al afirmar la diferencia, en lo que viene a constituir su final interpretación de la marcha histórica. Fuentes se adentra en el papel omnipresente de la violencia, que supone como el móvil de la apropiación "trágica" del tiempo en nuestro hemisferio. La contundencia de la violencia ha sido la responsable de lo que entiende como una relativización de la experiencia humana, que en adelante dependerá de la participación, del intercambio, del reconocimiento mutuo que habilita la confluencia de los hechos de cultura, y en mayor medida, de la vigencia de la literatura:

> La imaginación y la lengua, la memoria y el deseo, son los lugares de encuentro de nuestra humanidad incompleta: la literatura nos enseña que los más grandes valores son compartidos, y que nos reconocemos a nosotros mismos cuando reconocemos al otro y sus valores, pero que nos negamos y aislamos cuando negamos o aislamos los valores ajenos.

Apela Fuentes a la noción de un mundo incompleto, a la necesidad constante de la reconstitución verbal. No se trata de la memoria por la memoria misma, ni de la preservación de lo habido, sino de la vida total en el presente, de la pluralidad como diálogo y como lazo ineludible. Finaliza Fuentes con un rapto mesiánico, en el que se proyecta de manera intensa al modo del héroe romántico que anuncia el nuevo devenir:

> La América indo-afro-ibérica será una de las voces de ese coro multipolar. Su cultura es antigua, articulada, pluralista, moderna. Iberoamérica es un área policultural cuya misión es completar al mundo, como lo previó, en el siglo XVI, Juan Bodino. Nacida como una hazaña de la imaginación renacentista, el nuevo mundo debe imaginar de nuevo al mundo, desearlo, inventarlo y re-inventarlo. Imaginar América: decir el Nuevo Mundo. Decir que el mundo no ha terminado porque es no sólo un espacio inmenso, pero, al cabo, limitado, sino también un tiempo ilimitado.

Queda por verse la respuesta final de Hispanoamérica al naciente siglo. Para Fuentes ha de manifestarse la prioridad contextual de nuestros hechos de cultura como vínculo entre pasado y porvenir. Su optimismo no se atenúa. Se lanza desde la apertura por el universo de re-invenciones de nuestra narrativa, y culmina en un gesto final ponderado, pero urgente. El ensayo se mueve hacia la apelación, se mueve hacia la originación, a capturar la esencia de la multiplicación de los orígenes, a explicarla y entenderla, a mostrarla y revitalizarla en la conciencia de los lectores comprometidos con su contexto. Captura el clamor martiano, y lo regenera en nuestra ensayística. Su debilidad es definir, "decir" con la pasión del romántico, anclado en la nostalgia de lo que por su propia naturaleza, tal vez nunca haya podido concretarse. El mundo de la verbalización en Fuentes, es pues, el mundo del presente, vivo y despierto a pesar de las heridas que lo consumen.

Darío y Juan Ramón Jiménez: De la obra al orfebre

Puede pensarse que en el modernismo se abre la puerta al diálogo expresivo entre lo perdurable y lo indefinible. Esta noción nos lleva a postular entonces el alto sentido de autoconciencia del orfebre, es decir, la idea de que el poeta se proyecta como verdadera génesis de la adecuación del sentido a las palabras. Es tal vez "Sonatina" (*Prosas profanas*) el lugar en que se nos manifiesta de manera inapelable la complicidad urgente entre obra y orfebre, algo de lo que Rubén Darío era consciente hasta la saciedad, y que reprodujo varias veces a través de su obra poética. Es dentro de este parámetro que habremos de entender la tristeza de "la princesa", cuyo malestar se indica desde el inicio del poema: "está mudo el teclado de su clave sonoro / y en un vaso, olvidada, se desmaya una flor".

Ese "teclado mudo" carece de su instrumentista, de su músico, de quien da vida perfecta al entorno paradisíaco. "La princesa" ha de pasearse por el jardín, por el ideal espacio pensado por el ser humano para sustituir el presunto indómito desorden de la selva o del bosque. Es el espacio artificial en que ha de habitar la belleza, y el desmayo de la flor implica la falta mayor al ser la flor el producto final y depurado del proyecto creativo que da sentido al jardín.

La precariedad de su condición la lleva al rechazo de su mundo restante:

> Ya no quiere el palacio, ni la rueca de plata,
> ni el halcón encantado, ni el bufón escarlata,
> ni los cisnes unánimes en el lago de azur.
>
> Y están tristes las flores por la flor de la corte;

Al faltar así la perfección, la misma se ha de multiplicar en lo que viene a ser un manifiesto implícito de la importancia central del orfebre. El poema dramatiza así una búsqueda desordenada, un vagar sin tiento que por medio de la cadencia y la imaginería nos lleva paradójicamente al reencuentro de las partes que han estado separadas en el plano de la representación, pero no en el de la ejecución:

> —¡Calla, calla, princesa —dice el hada madrina—,
> en caballo con alas, hacia acá se encamina,
> en el cinto la espada y en la mano el azor,
> el feliz caballero que te adora sin verte,
> y que llega de lejos, vencedor de la Muerte,
> a encenderte los labios con su beso de amor!

Darío nos ofrece entonces un cierre circular en que la acción real y la representada se aúnan. La vuelta del caballero garantiza así que se complete el jardín, y que la música articule de manera perenne su existencia y vigencia, caballero e instrumentista que ha vencido a la Muerte (con mayúscula en el texto), el poeta.

A partir de la reflexión rubendariana, hemos de ver múltiples reacciones y convergencias en la poesía peninsular que le era contemporánea o inmediatamente subsiguiente. La oferta estética de un Manuel Machado constituye tal vez la convergencia final que garantiza la extensión y relevancia del injerto hispanoamericano. Es este instante fundamental pues podemos decir que en adelante se hermanan las poéticas de una manera particular, más autónoma, al dividirse las nomenclaturas de un lado del Atlántico y del otro, si bien la comunicación y la interrelación entre los mayores protagonistas será la constante durante el siglo XX. En la obra de Juan Ramón Jiménez se nos presenta una de las variantes más extremadas de la influencia rubendariana de la visión de la relación entre obra y orfebre, anclada en lo que a todas luces podríamos definir como un esteticismo conceptual por medio del cual se intenta redefinir el mundo real, imperfecto y perecedero, a partir de la reformulación absorbente y acaparadora de la labor del poeta. En la colección *Eternidades*, aparecida en 1918, Jiménez nos encamina por lo que precisa como la urgencia del poeta en el afamado poema que comienza "¡Inteligencia, dame / el nombre exacto de las cosas!"

El poeta, de entrada se privilegia como aquel que da sentido al mundo real: "...Que mi palabra sea / la cosa misma, / creada por mi alma nuevamente". Volvemos así al desorden, pero ya estamos en un espacio mayor al del jardín. Ante sí, el orfebre ha de enfrentarse a la diseminación del sentido y al divorcio inquebrantable entre la nominación y la entereza universal. La labor es inmensamente más ambiciosa. Se apela a la posibilidad de redefinir la totalidad por medio del instrumento. Lo que en Darío podría considerarse una correspondencia equivalente, una reciprocidad acertada, en Juan Ramón Jiménez se nos presenta como un gesto urgente. "Ser la cosa misma" ha de pasar por el filtro de la creación del orfebre, ahora más cercano a la nominación adánica, al intento de reestablecer el orden perdido por la diseminación, por la traición del tiempo que cruza, entrecruza y aleja la correspondencia entre signo y cosa. Tal correspondencia implica un rastro de divinidad que se ha ido erosionando. Juan Ramón Jiménez, en este sentido, aspira retóricamente a ocupar ese espacio divino en un segundo "fiat", en un segundo acto de origen que garantice de una vez la paridad entre ejecución y lectura. El gesto se evidencia en el siguiente verso, que abre la sección central del texto: "Que por mí vayan todos / los que no las conocen a las cosas". Se intenta capturar así la aprehensión del lector, la asimilación instantánea que, amén de afianzar el privilegio y la capitalidad del orfebre, constituye un intento dual de génesis al rehacer al lector como ser viviente y aprehensor a partir del entendimiento que la palabra incite.

Su mayor pretensión se manifiesta en los versos siguientes, gesto que lo caracterizaría más allá de la realidad textual como era de sobra conocido: "que por mí vayan todos / los que las olvidan, a las cosas". En este instante la voz poética reclama un espacio viciado, denuncia lo que considera el "olvido" o más bien "desvío" de quienes "conocen". Vale aventurarnos así a interpretar esta segunda exigencia: los otros, los demás, los que olvidan, orfebres son y han sido. Se proyecta así Jiménez como centro, como vía a través de la cual los otros poetas deben recuperar el paso perdido y las señas que definen la verdadera labor poética. Impacta como un tanto escabrosa la aseveración, si bien la sigue con un gesto de mayor mesura: "que por mí vayan todos / los mismos que las aman, a las cosas". Se intenta de esta forma reconocer la posible paridad, la existencia de los que como orfebres no se han desviado de la ruta correcta, los que pueden identificar la paridad y aspiran a participar del mismo génesis. Habría que preguntarse la naturaleza de tal oferta. Reconocida la posible paridad, ¿cuál seria la finalidad de esta exigencia final? El poeta no deja de proyectarse desde un lugar diferente y superior. Restaría interpretar el gesto como una invitación más que como una exigencia, pero esto tal vez troncharía la aspiración de perfección que el texto mismo requiere, y que se requiere a sí mismo.

El poema termina con una vuelta al reclamo inicial, ya matizada por la consecuencia esperada a partir de la exigencias del núcleo del texto: "¡Intelijencia, dame / el nombre exacto, y tuyo, / y suyo, y mío, de las cosas!". Se intenta de esta forma plasmar finalmente la equivalencia que implica el verdadero acto de lectura. Tanto "tuyo" y "suyo" se enmarcan en una posible estructura recíproca. "Tuyo" puede referirse a la inteligencia, pero a la vez puede apostrofar, referirse al lector inmediato. De ahí su cierre con "suyo". El orfebre queda entonces en el centro con su imponente "mío", centro que lo devuelve a la presunta subordinación que se esboza en los versos iniciales por medio del pedido.

Curiosamente, el propio Juan Ramón Jiménez no ha de esperar más de un año para ofrecernos un giro fundamental dentro de su visión poética. Esto lo observamos en su colección *Piedra y cielo* de 1919, en la que se encuentra la trilogía "El poema". En la misma se revierte al objeto, que es centro de su devoción y obediencia, como se ve en el corto pero preciso primer poema:

> ¡No le toques ya más,
> que así es la rosa!

Vemos que la exigencia va en dirección contraria. Se especifica así la perfección del texto. Texto y reclamo se aúnan para definir como una urgencia la integridad de la poesía, tanto textual como genéricamente. El mandato ha de ser el canal. No tocar más a la rosa implica ya dejar el poema en su estado prístino. El poeta es entonces aquel que puede reconocer hasta dónde ejecutar, hasta dónde dar forma y evitar así el exceso. Será éste prácticamente el sutil grito de guerra de la siguiente generación poética, empeñada en demostrar de esta forma la realidad de una poesía pura. El tercer poema de la trilogía ha de reforzar esta visión autosuficiente y productiva:

> ¡Canción mía,
> canta, antes de cantar;
> da a quien te mire antes de leerte,
> tu emoción y tu gracia;
> emánate de ti fresca y fragante!

Si bien el poema ha de sentirse inicialmente como hechura del orfebre ("canción mía") se proclama total y preexistente a la ejecución ("canta, antes de cantar"). La preexistencia abarca hasta el espacio mismo del lector al pretender "dar en la mirada antes de la lectura". La oferta roza así una instancia primitiva, una conciencia compartida que sólo se manifiesta en su reconocimiento propio de la lectura. Finaliza el texto con la proclama de la autonomía textual: "emánate de ti fresca y fragante".

Jiménez ha ejecutado así un viaje circular. De la preeminencia del orfebre pasa a la preeminencia del texto, equilibrio que entonces lo empareja a la visión rubendariana. Hemos regresado al universo preciso de "Sonatina", el lugar donde reina el equilibrio, donde el poeta y el poema se urgen y definen, donde la princesa y el príncipe se entregan a su carnalidad semiológica.

Los sentidos, la belleza, la muerte

Son las artes una hermosa mentira que se encarga de minimizar nuestra relación inmutable con el dolor. Son hijas de la decepción. Este mero detalle, de por sí, debería imponer en nosotros una conciencia funcionalista que nos guíe al abandono de quimeras y al aprecio del sentido común. Todo sistema de creencias carece de retoños genuinos. Toda idea concebida queda desarticulada por los hechos que intentan ejecutarla. Las creencias religiosas, las ideologías políticas, y hasta las aspiraciones científicas pecan de albergar pretensiones inauditas que la naturaleza y el tiempo se encargan de desmentir. Acariciar el afán reivindicativo de las artes es el diálogo interior cardinal que todo ser sensible pinta sobre sus múltiples lienzos conceptuales.

Ante mí, más allá del suelo en que piso, rige el paisaje. Se impone. Su presencia es inevitable, sea cual sea su composición específica. Manifiesta toda posible ecuación sensorial para adecuarla a toda posible percepción. Equivale, por lo tanto, a la verdad conocida y a la que se esconde tras ella. Hoy, ante mi mirada y desde el ángulo que mi cuerpo ocupa, se me revela este trozo de totalidad. Por mis sentidos capto una parte de la misma. La parte captada se vuelve índice de la restante. Y muy dentro se redefinen varios lenguajes innatos y adquiridos para llevarme de la percepción a la comprensión. Estoy en la totalidad. No soy la totalidad.

El paisaje, sin embargo, me ha de enfrentar a la noción de las anomalías. Desde este espacio acarician el afán de este diálogo interior mayor que todo ser sensible pinta sobre cualquier superficie y atentan contra la uniformidad. Lo que veo, de primera instancia, no se atiene ni se adecua a las posibles ecuaciones que forjan el conjunto. Plenamente identifico un objeto que no ha surgido del conglomerado sino que ha sido puesto dentro del mismo. El lector debe ya suponer que se trata de alguna estructura artificial, que puede complementar o no el espacio natural que se observa.

Muchos pueden ser los objetos que definan la anomalía. Un banquillo, una fuente, una estatua, un camino empedrado, una choza módica, una mansión en la distancia. A modo funcional y ligero decido que es una estatua. Una estatua que representa a un ser humano en medio del paisaje que observo. Es una mujer, cabello largo, túnica que aparenta ser embestida por el viento de la eternidad, un objeto en su mano levantada, sus piernas en actitud de marcha. Una diosa, una heroína histórica, una mitificación antropomórfica de un concepto. Cualquier armonía entre la estatua con el entorno que yo conciba es meramente una imposición. El proceso es una suma particular de dos procedimientos distintos. El paisaje no requiere de justificación alguna. Reacciono al verlo de manera inmediata, sea de manera agradable o sea que muestre preocupación. Puedo reconocer belleza, si bien la misma pudiera implicar mi consternación (el desierto, una cascada hacia la que me dirijo, un acantilado ante mí, etc.) o mi sentido de placidez (una playa desde la distancia, las montañas en el horizonte al atardecer, etc.). Observar la estatua me lleva a otro modo de interpretar la belleza.

He precisado un contraste particular. Al acercar de alguna manera la belleza a la consternación que un contexto específico puede incitar, revelo un ángulo dinámico de la realidad que ha de generar en la observación el sentido estético. Cuando el paisaje es distante simula quietud, y proyecta una percepción puramente singular e instantánea cuya sublimidad se extiende en nosotros según se extiende su contemplación. Por otro lado, la hermosura presente y próxima de un acantilado, por ejemplo, genera otra percepción dinámica en la que nuestro sentido de seguridad o temor será el que defina la naturaleza perenne de su belleza. Un boceto de este discernimiento asimilado y vuelto objeto alterno se aprecia en un texto como "A la deriva" de Horacio Quiroga, en el instante sepulcral en que río abajo corre la canoa hacia el sol del atardecer, final y muerte del día, final y muerte del personaje principal.

Podríamos entonces acercar la belleza a la muerte, o al menos proponer que el texto (la estatua, el libro, la pintura, etc.) es ese paisaje distante que se nos presenta estático en el instante, porque su estatismo imita la muerte misma, por lo que seguirá el proceso dinámico de su asimilación y análisis, por lo que tal "muerte" no se sentirá como una amenaza, sino como un ciclo de transformaciones o "resurrecciones" que generan entendimiento y hermosura. A partir de este atrevimiento (o discernimiento) nos lanzamos a volcar el pensamiento en plurales nociones e imágenes que podrían derivarse de este conjunto de ideas. Pensamos, por ejemplo, en la piel humana. Al llamar bello o bella a alguna persona, evidenciamos el cúmulo estático dinámico de este "proceso de muerte". Recordemos, la epidermis es un conjunto de células muertas.

Decimos "ella es hermosa" (o "él es hermoso"), y estamos fijándonos irónicamente en la funcionalidad inmediata de unas células muertas. Los que observamos estamos ante el mismo "espejismo" de la distancia que no se percibe como amenaza. Multiplicación y división celular constantes reaccionan ante la oxidación y demás procesos externos que predeterminan la diferencia entre el interior y el exterior de la piel, creando la ilusión de fijeza que comparte con cualquier otro texto. La muerte es entonces uno de entre tantos vicios que acaramelan nuestros sentidos.

Nos disparamos la maroma de decir, por lo tanto, que esa multiplicación viciada de la muerte como fundamento de la percepción estética es la que reconocemos en todo texto. Al igual que como la estatua o la pintura, el texto literario intenta reproducir infinitamente la vida de un instante, y participa de esa gradación de lo dinámico a lo perenne que ha de alimentar la percepción presente y sublime. Cualquier representación realista confirma esta obsesión regenerativa. Al multiplicarse en voces (colores, líneas, contornos, niveles), cede la descentralización realista ante variaciones que pueden llegar hasta la abstracción, que son reconocibles para todo entendimiento apto. A ese retrato pintado, a esa estatua, a ese texto le adjudicamos belleza, y también el concepto equívoco y analgésico de una presunta eternidad. La belleza muerta apunta a la belleza viva, y la irresolución del dilema es su inmortalidad.

Para ver algo de cerca este proceso, pasaré de la estatua a un retrato, y del retrato a un retrato del retrato. En "Elegía a un retrato", Dionisio Ridruejo articula de manera precisa esta transición orgánica de la belleza. Lienzo vivo es piel muerta, piel pretérita es color presente y permanente. Lienzo es papel, y sobre el papel se forjan colores y trazos que prometen sentido y vida continua. En las tres estrofas iniciales Ridruejo abre con una invocación:

> Muerta que mueve a amor, presente vida
> con la sangre arrastrada por pinceles
> y de nuevo en mis ojos concebida.
>
> Muerta en muerte nublada por laureles,
> con los últimos llantos enterrados,
> en el descanso de tu carne, fieles.
>
> Muerta de los minutos reposados,
> lejana de tus siglos de ceniza
> y de tus breves años animados.

Desde el principio se resume lo que se ha de exponer. Contemplar a quien no está presente a través de su reproducción es admitir la vitalidad vigente. Como la sangre, el manejo del instrumento construye la nueva piel, el nuevo espacio ocupado sobre el que se posa la mirada de quien observa. Manifiesta Ridruejo una autoconsciencia continua de textualidad. Esa "muerte nublada por laureles" hace referencia a la historicidad, a los contextos que dan cuenta de la futura génesis que suplantará los hechos ya consumados ("descenso de tu carne"). La invocación termina anclando ese concepto de la vida que trasciende la dimensión física del tiempo ("lejana de tus siglos de ceniza"). Alejarse de la carne como depósito de la realidad es instaurar el lienzo como la verdad que vive en el tiempo.

Hecha esta transición orgánica, la evocación contemplativa y plástica rehace en dos mundos (palabra e imagen) la existencia alterna capturada en el uso de los tópicos:

> Caliente juventud que se eterniza
> en el único vuelo de mirada
> que a una luz sin edades paraliza.
>
> Vida por blandas rosas encauzada,
> venas al tiempo del mejor latido
> vertidas en la boca enamorada.
>
> Seno en la nieve del suspiro erguido,
> frente en el frágil pensamiento fría
> bajo oro en seda sin rubor ceñido.
>
> Peso de nube, grave de armonía,
> en cándido vestido sin materia
> que de ascua cede al hielo su porfía.

Plasma el retrato de la dama una ejecución que claramente toma de la tradición literaria. La juventud, la faz, la elegancia, la tersura que se adivina en la piel sobre la piel del lienzo, la boca: la repetición de los motivos es una muerte que resucita cada vez esa asimilación de eternidad y belleza a la que aspira toda voz poética. El juego entre negaciones y afirmaciones es conceptualmente un reto al *carpe diem*. La voz poética del presente de la redacción acentúa así el vivir muriendo que definiría el propósito trascendente de la belleza. Tal intención se ejecuta en los tercetos siguientes:

> Oh, muerte dulce, tu presencia sería
> posada, sin atmósfera en el lecho
> hiela del tiempo la fluida arteria.
>
> La voz que guarda tu lejano pecho
> habla en la risa de tu nueva esencia
> adolescente, del ayer deshecho.

Al entender la muerte como "dulzor", la voz estimula su propia residencia afortunada. Al ser "posada" hace equivalentes la paz del descanso y la paz de la elación. Se congela el tiempo, se hace eterno el fluir de la vida. Deja identificarse así la sangre de la liquidez, ese otro medio por el cual se ha vivido, se vive y se vivirá. De esta forma, se hace evidente que Ridruejo postula un nuevo pacto entre el objeto y el sujeto, que se concreta en "la risa de tu nueva esencia / adolescente...", instante en que el ojo rehace el tiempo "del ayer deshecho", el cuerpo lejano e irrecuperable, que cede a la promesa dada por el lienzo y cumplida por la mirada. De igual forma, la mirada de la lectura cumple su propia promesa, esa en que se vive a través de un nuevo entendimiento que es fruto de todos los entendimientos precedentes:

> Tus ojos me revelan la evidencia
> de aquellos ojos que brotaron flores
> en polvo de tu muerte sin ausencia.

> Tu talle, apenas arco de temores,
> libra sus flechas hacia el bosque yerto,
> en el que fueron ramas tus temblores.

Ese "aquellos ojos que brotaron flores" apela a la longeva tradición, a los poetas que entre fórmulas se resistían a pactar con la belleza misma anclados en el temor técnico de la convención. Ridruejo deshace la restricción. El cuerpo multiplicado de la mujer incitará una reconstrucción imaginativa del deseo vivo de ella, del instante en que "fueron ramas tus temblores", es decir, en que la sensualidad y la imaginación viva de la mujer se expande por sobre el muerto e incompleto espacio ("bosque yerto") del prejuicio de la observación masculina, tanto técnicamente (la sombra de la tradición) como realmente (la posible erotización).

En adelante, el poema se irá resolviendo a modo de u diálogo entre el deseo y la imagen:

> Sólo mi amor para la angustia abierto
> sufre de no llegar a las entrañas
> del dolor a mis venas descubierto.
>
> Oh, forma que a amor mueves y que engañas
> —viva sin existir, muerta sin piedra—
> al fuego frío que sin llanto bañas.

Se anclan definiciones. Ese "mi amor para la angustia abierto" impone la noción de la ausencia, implica dolor, la separación, la distancia que permite constituir interiormente lo sublime. También logra que pasemos de la sensación pura a la racionalización. Sigue entonces el vuelco anímico, definición que conduce al texto elevado y exquisito, ese que se traduce a partir de "viva sin existir, muerta sin piedra", creación de una dimensión que se niega a reposar, a detenerse en los recintos trascendidos del cuerpo muerto y del olvido conceptual y estético. El final del poema será el último ruego, la última exigencia a una totalidad, a un trayecto sin línea fija ni meta predispuesta:

> Dime cuál árbol de tus huesos medra,
> señálame el verdor que te levanta
> y al tronco limpio juntaré mi hiedra.
>
> Pero en la fiel mudez de tu garganta
> vuelvo a verte tan cierta y renacida
> velada por un aire que no canta,
>
> que se torna la muerte la fingida.
> Y tú, la trenzadora del anhelo
> que asciende casi eterno por mi vida,
> confuso si de tierra o si de cielo.

La imagen capturada, por lo tanto, trasciende la muerte y confunde a quien desea, a quien observa, a quien lee. La imagen rige sobre el "bosque yerto", y la voz poética busca el árbol preciso en que reside la esencia que hace verdor a la dama, verdor que sigue, clorofila intacta y perenne. El deseo de juntar la "hiedra" al "tronco", es el instante de la lectura, del reconocimiento vivo, del espacio sublime. Vital para comprender esa fuga hacia el interior es palpar, catar, dar con la clave presentada en la estructura misma. La secuencia de tercetos tiende a culminar y cerrar su ciclo en un cuarteto final. Ridruejo rechaza todo final. El cuarteto se cumple antes de la estrofa final, lo que es promesa de una imposible muerte de la muerte, es decir vida en el más allá de todo entendimiento. El cuarteto se cumple en el primer verso del cuarteto final ("que se torna la muerte la fingida"), en sí mismo, un fingimiento. Tras el mismo, el poema concluye con un terceto, promesa de la promesa ("trenzadora del anhelo"), y lleva a todo lector a compartir la confusión direccional "si de tierra o si de cielo", instante en que espacio y pensamiento han sido filtrados por la belleza de esta nueva sangre, nueva vida que continúa sin cierre al no haber dirección precisa.

La mentira ha quedado revelada una vez más. El dolor será entonces solo tránsito. Nuestra toma de conciencia radica en que toda secuela va más allá de los límites de cada vida. Sin esa conciencia no hay arte. La muerte genera muerte, que genera muerte transmutada, belleza. Lo que comienza con el ejercicio práctico de los sentidos se vuelve una multiplicación particular de paisajes. Hoy, dentro del marco de esta comunicación, ha sido la poesía el cuerpo resucitado. La salvación (la lectura y su deleite) es siempre nuestra, siempre que deseemos.

Índice

Prólogo / **9**

Actuar, ser y definir /**13**

Porque te llamas soneto /**20**

Toda heterodoxia es ortodoxa: El beso inacabado de la Generación del 80 de Puerto Rico /**33**

De padres e hijos /**52**

Ansiedad ante el viaje sin retorno. La pugna interior en *De tanto mirarte la espuma* de Jan Martínez /**59**

Retórica, romanticismo, y el optimismo americanista de Carlos Fuentes /**71**

Darío y Juan Ramón Jiménez: De la obra al orfebre /**85**

Los sentidos, la belleza, la muerte /**92**

Esta obra, ***El momento siguiente,*** *Escritos misceláneos II*, de José E. Santos, se terminó de imprimir en junio de 2019, en los Estados Unidos de América bajo la *Colección Ánfora Roja* | *#2*, de OBSIDIANA PRESS.

OBSIDIANA PRESS
10 Delaware Avenue
Charleston
West Virgnia 25302
Estados Unidos.

obsidianapress.net
oplibros.com

Correos electrónicos:
oplibros@aol.com
editores@obsidianapress.net

Tel.: (917) 853-5095

www.ingramcontent.com/pod-product-compliance
Lightning Source LLC
Chambersburg PA
CBHW020014050426
42450CB00005B/462